ADAC
Reiseführer

Dresden

und die Sächsische Schweiz

Von Bernd Wurlitzer

W0369067

Intro

Unterwegs

Zahlstelle

Ein Tag in Dresden/ Ein Wochenende in Dresden 144

Dresden Kaleidoskop

Karten und Pläne

Service

Dresden aktuell A bis Z 123

Register 139

Dresden Impressionen

Florenz an der Elbe – Kunst und Prunk, Charme und Lebensart

›Elbflorenz‹ wird Dresden oft genannt. Johann Gottfried Herder hat den Beinamen kreiert, als er vom ›deutschen Florenz‹ schrieb. Denn die alte sächsische Residenz- und heutige Landeshauptstadt ist ein Kunst- und Kulturzentrum von europäischem Rang: barocke Prunkbauten, hochkarätige Kunstschätze und dazu eine malerische Lage beiderseits der Elbe.

Schätze der Geschichte

Der Dichterfürst Goethe äußerte begeistert: »Dresden ist ein Ort, der herrlich ist (…)« und über die berühmte **Gemäldegalerie Alte Meister** sagte er: »Ich trat in dieses Heiligtum und meine Verwunderung überstieg jeden Begriff, den ich mir gemacht hatte«. Die Aufkäufer der beiden Kurfürsten – Friedrich August I., später der Starke genannt, und Friedrich August II. – waren emsig in ganz Europa unterwegs. Etwa 4000 Gemälde erwarben sie für den Dresdner Hof, als berühmtestes die ›Sixtinische Madonna‹ von Raffael. Im **Grünen Gewölbe**, das nach mehr als sechs Jahrzehnten im Herbst 2004 an seinen angestammten Platz ins Residenzschloss zurückgekehrt ist, funkeln die Diamanten und Rubine am Meisterwerk des Hofgoldschmiedes Dinglinger, einem indischen Märchen aus Gold und Edelsteinen. Einzigartige Sammlungen besitzen auch die **Rüstkammer**, die **Porzellan-** und die **Skulpturensammlung** und das **Kupferstich-Kabinett**. Den interessierten Dresden-Besucher erwarten rund 30 Museen, darunter viele von Weltrang.

Diese Kunst- und Kulturstadt würde es ohne den kunstsinnigen Friedrich August I. und seinen Sohn Friedrich August II. folglich nicht geben. Das **Augusteische Zeitalter** werden die rund 70 Jahre von 1694 bis 1763 genannt, in denen die beiden regierten und den Weltruf Dresdens begründeten. Ergiebige Silbervorkommen und eine florierende Wirtschaft hatten das **Haus Wettin** reich werden lassen. Um seinen Machtbereich zu vergrößern, wechselte August der Starke zum katholischen Glauben, bestach mit hohen Geldbeträgen den polnischen Adel und errang schließlich unter neun

Bewerbern die polnische Königskrone. 1697 endlich war er nicht mehr nur der Kurfürst Friedrich August I. von Sachsen, sondern auch **König August II. von Polen**! Sein großer Traum war Wirklichkeit geworden. Die Krone Polens hob ihn hoch über andere Kurfürsten und Könige, sein Hofstaat war glanzvoller als der des Kaisers, von Dresden nach Warschau reiste er mit 60 vier- und über 70 sechsspännigen Wagen. Er wollte prunken und protzen und Dresden zur modernsten Residenzstadt Europas machen.

Oben: *Himmlische Malerei – Raffaels Engel, Detail aus der ›Sixtinischen Madonna‹ (1512/13), Gemäldegalerie Alte Meister*
Unten: *Faszinierendes Panorama – Brühlsche Terrasse, Kunsthochschule, Residenzschloss, Kathedrale und Semperoper*

Elbflorenz

Der Elbstrom bindet die Alt- und die Neustadt an sich. Landschaft, Kunst und Architektur fügen sich in einzigartiger Harmonie zu einem faszinierenden Ensemble. Auf der Altstadtseite reihen sich Perlen der Baukunst aneinander, der **Theaterplatz** gilt als eine der schönsten Platzanlagen Deutschlands. Balthasar Permoser hat am **Zwinger** und Lorenzo Mattielli an der **Kathedrale** Bildwerke hinterlassen, die zu den ganz großen Leistungen des 18. Jh. gehören. Der Elbsandstein, von Natur aus gelblich-grau, wurde für Dresdens Architektur charakteristisch. Leider ist er besonders anfällig für Umweltbelastungen. Die Luftverschmutzung frisst sich tief in das Gestein, es wird schwarz und lässt sich selbst mit modernster Technik nicht reinigen.

Viele **Künstler** zog die Stadt am Strom in ihren Bann, so die Maler Caspar David Friedrich, Adrian Ludwig Richter und Carl Gustav Carus, deren Arbeiten in der **Gemäldegalerie Neue Meister** hängen. Carl Maria von Weber und Richard Wagner wurden in der Oper mit Ovationen gefeiert, später dann die Dirigenten Ernst Edler von Schuch, Fritz Busch und Karl Böhm. Die **Semperoper** war und ist eine Kulturstätte ersten Ranges und die Kartennachfrage übersteigt bei weitem die vorhandenen Plätze. Den Ruf Dresdens als **Musikstadt** tragen außerdem die Dresdner Philharmonie und die Sächsische Staatskapelle sowie die frischen Knabenstimmen des Kreuzchores um die Welt.

Augusteische Anekdoten

Und wer aus der Welt nach Dresden kommt, lernt gesellige, gemütliche Menschen kennen, die schnell mit den Gästen

Oben links: *Der Goldene Reiter lebt! August der Starke – sein Denkmal (1734) auf dem Neustädter Markt ...*
Oben rechts: *... sein Porträt als König von Polen im Fürstenzug von 1876*
Mitte: *...sein Porzellan aus der Meissener Manufaktur*
Unten: *Dresdens Ruhm als Musikstadt begründeten der Kreuzchor ...*
Rechts: *... und die Semperoper*

ins Gespräch kommen. Bestimmt wird auch im besten sächsischen Dialekt und bei einem ›Schälchen Heeßen‹ – wie der Dresdner seine Tasse heißen Kaffee nennt – eine der vielen Anekdoten erzählt, die sich um **August den Starken**, den Draufgänger und Unwiderstehlichen, ranken. Seine Leibes- und Liebeskräfte sollen sagenhaft gewesen sein. Der **›sächsische Herkules‹** soll als Kind Löwenmilch getrunken, später silberne Teller wie Papier zusammengerollt und mit bloßen Händen Hufeisen zerbrochen haben. Halb Europa glaubte an die Fabel von seinen unzähligen Sprösslingen. Wilhelmine Friederike Sophie von Bayreuth, die Schwester des Preußenkönigs Friedrich des Großen, hat diese Geschichten in die Welt gesetzt: »Der König unterhielt eine Art Serail der schönsten Frauen seines Landes. Als er starb, berechnete man die Zahl der Kinder, welche er von seinen Mätressen hatte, auf 354.« Fast alle Herrscher des Barock besaßen solche Mätressen. Häufig machten diese Damen den königlichen Hof zum beachteten Mittelpunkt und standen im Rang sogar über den Ministern. Die Historiker haben nachgeforscht, die Kinder von August gezählt und die Legende zerstört: Neun legitimierte Kinder verzeichnen die Annalen, darunter einen ehelichen Sohn und drei Kinder, die ihm seine berühmteste Mätresse gebar, die **Reichsgräfin von Cosel**. Sie war eine Frau voller Schönheit, Anmut und Charme. Die bezaubernde Cosel, schnell zur ersten Dame des Hofes avanciert und im **Taschenbergpalais** residierend, heute Dresdens vornehmste Hoteladresse, mochte aber mit dem Kurfürst nicht nur das Bett teilen. Sie forderte immer mehr Geld und versuchte, Einfluss auf die Politik zu nehmen. Kurzerhand ließ August der Starke sie auf der **Burg Stolpen** einsperren. 49 Jahre – bis zu ihrem Tod – musste die Gräfin dort zubringen.

Phönix aus der Asche

Was August der Starke und Generationen nach ihm für die Kunst und Architektur Dresdens geleistet hatten, das versank **1945** innerhalb weniger Stunden in Schutt und Asche. In der Nacht vom **13. zum 14. Februar** klinkten britische und amerikanische Flugzeuge über Dresden eine halbe Million Bomben aus. Ein **Feuersturm** jagte durch die Stadt und verwandelte das Zentrum von ›Elbflorenz‹ in eine Steinwüste; vermutlich 35 000 Menschen fanden den Tod. Gerhart Hauptmann, der große Dichter, schaute von

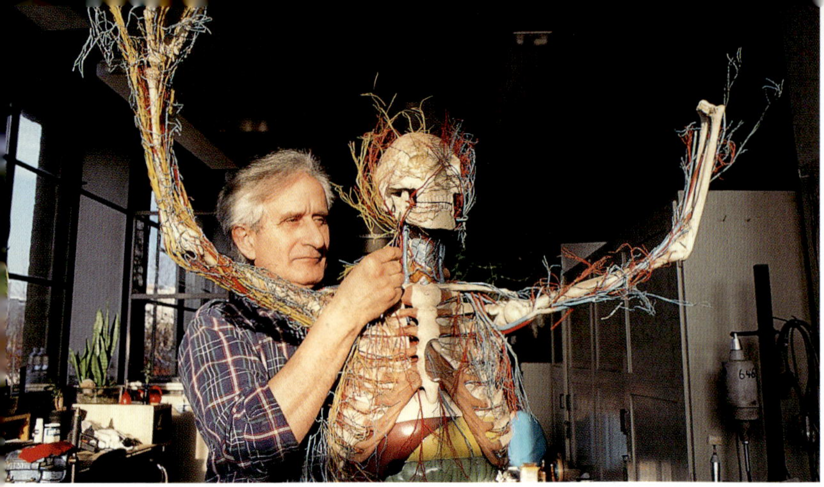

Oberloschwitz auf das Flammeninferno und notierte: »Wer das Weinen verlernt hat, der lernt es beim Untergang Dresdens wieder.« Die Elbstadt war ein Opfer des größten Luftangriffs des Zweiten Weltkrieges geworden.

Beim **Wiederaufbau** der traditionsreichen Stadt scherte man sich kaum um historisch gewachsene Strukturen, das **alte Straßenraster** wurde außer Acht gelassen, manche Ruine vorschnell beseitigt. Das Ziel war, möglichst schnell möglichst viele Wohnungen zu schaffen. Es entstanden breite, lichtdurchflutete Straßen und weite Plätze. Vergeblich wird man die einst nur sieben bis acht Meter schmalen Gassen der Altstadt suchen. Einiges vom **Gesamtkunstwerk** Dresden ging nicht in den letzten Wochen des Zweiten Weltkrieges, sondern erst zu DDR-Zeiten unwiederbringlich verloren. Die meisten **Prachtbauten** erstrahlen zwar wieder im alten Glanz wie der Zwinger, das Spitzenwerk höfischen Barocks. Doch manche Wunde, die das Inferno im

Oben: *Der gläserne Mensch – Dresdens Hygiene-Museum bietet tiefe Einblicke*
Links unten: *Fest auf der Burg Stolpen*
Unten: *Felswunder Bastei in der Sächsischen Schweiz*
Rechts oben: *Weingut Schloss Wackerbarth*
Rechts unten: *Ein Raddampfer voller Jazz vor Schloss Pillnitz*

Februar 1945 schlug, ist bis heute nicht geschlossen. An der Restaurierung des Residenzschlosses wird immer noch fleißig gearbeitet. Die **Frauenkirche** mit ihrer markanten Kuppel ist seit Sommer 2004 im Außenbau vollendet und prägt wieder das Altstadtbild Dresdens.

Der Reiseführer

Die Meisterwerke der Architektur drängen sich in der **Inneren Altstadt**, die in diesem Reiseführer im *ersten Kapitel* der ›Sehenswürdigkeiten‹ vorgestellt wird, dem als *zweites* die **Innere Neustadt** auf dem rechtselbischen Ufer folgt. Auch hier hat August der Starke vielfach seine Handschrift hinterlassen und dort, am Neustädter Elbufer, reitet er auf seinem feurigen Lipizzaner: Ein Reiterdenkmal ganz in Gold – wie es einem König gebührt. Bereits vor 270 Jahren wurde dieser **Goldene Reiter** gefertigt.

Als die Stadtbefestigung fiel, dehnte sich Dresden aus, **Vorstädte** entstanden, Dörfer wurden eingemeindet – die Sehenswürdigkeiten der äußeren Stadtviertel bilden das *dritte* und *vierte Kapitel* des Buches. Den Abschluss bilden **Ausflüge** in die vielgepriesene schöne **Umgebung**, die der in Dresden geborene Erich Kästner liebevoll so beschrieb: »Geschichte, Kunst und Natur schweben über Stadt und Tal, vom Meißner Dom bis zum Großsedlitzer Schlosspark, wie ein von seiner eigenen Harmonie bezauberter Akkord.« Zu diesen reizvollen Zielen, in die bizarre Felsenwelt des **Elbsandsteingebirges** und nach **Meißen**, der ›Wiege Sachsens‹ und des berühmten edlen **Porzellans**, reisen jährlich Hunderttausende auf eisernen Zeugen einer längst vergangenen Schiffsepoche: Am Altstädter Elbufer hat die größte und älteste **Raddampferflotte** der Welt ihren Liegeplatz. Wenn die Schaufelräder durch das Wasser pflügen, weht ein Hauch Nostalgie über der Elbe, die sich im großen Bogen durch Dresdens Stadtzentrum schwingt.

So stellt dieser Reiseführer die Stadt mit all ihren Reizen und Sehenswürdigkeiten vor. Die **Top Tipps** gewährleisten ein schnelles Auffinden der Highlights, **Stadtpläne**, **Karten** und ein **Verkehrslinienplan** erleichtern die Orientierung. **Dresden Aktuell A bis Z** enthält Informationen zu Anreise, Einkaufen, Essen und Trinken, Feste und Feiern, Stadtbesichtigung, Unterkunft etc. Einige **Kurzessays** zu interessanten Themen runden den Band ab.

Geschichte, Kunst, Kultur im Überblick

Stadtbiographie mit starken Königen und passionierten Sammlern, großen Künstlern und Architekten

Im Zeichen der Wettiner – Siegel des Dresdner Rates (1309)

6. Jh. v. Chr. Germanische Landnahme im Elbraum.

600 n. Chr. Slawische Stämme besiedeln das entvölkerte Gebiet.

929 König Heinrich I. lässt die Burg Meißen errichten.

1089 Heinrich von Eilenburg († 1103) wird mit der Markgrafschaft Meißen belehnt. Beginn der 800-jährigen Regierungszeit der Wettiner.

1206 Erste urkundliche Erwähnung von Dresden. Offizielles Geburtsjahr der Stadt.

1287 Die heutige Augustusbrücke wird erstmals genannt.

1300 Die Kreuzschule wird als erste Schule Dresdens erwähnt.

1309 Ältestes überliefertes Stadtsiegel.

1350 Zum ersten Mal verzeichnen die Chroniken eine Antiqua Dressdin (Altendresden) genannte Siedlung auf dem rechtselbischen Ufer.

1403 Altendresden (die heutige Neustadt) erhält Stadtrecht.

1423 Markgraf Friedrich der Streitbare von Meißen (1370–1428) bekommt die Kurwürde verliehen und darf somit an der Wahl des deutschen Königs teilnehmen; der Name Sachsen wird auf das Herrschaftsgebiet der Wettiner übertragen.

1434 Kurfürst Friedrich II. (1412–1464) erlaubt den Dresdnern, am 24. Dezember einen ›freien Markt‹ abzuhalten.

1464 Dresden wird Residenzstadt der Wettiner, die Brüder Ernst (1441–1486) und Albrecht (1443–1500) regieren das Land rund zwei Jahrzehnte von Dresden aus.

1485 Teilung des sächsischen Landes unter den Brüdern Ernst und Albrecht, Dresden wird Residenz der albertinischen Linie. Die Kurwürde fällt an die künftig in Wittenberg residierenden Ernestiner.

1491 Ein großer Brand vernichtet weite Teile der Stadt. Die neue Bauordnung schreibt fortan Ziegeldächer vor sowie den Bau von Eckhäusern und von Fassaden bis zum ersten Stock aus Stein.

1539 Die Reformation wird mit einem feierlichen Gottesdienst in der Kreuzkirche eingeführt.

1545 Die Viehhaltung in der inneren Stadt wird untersagt.

1546 Beginn der letzten großen Erweiterung der Stadtmauer und Festungswerke unter Einbeziehung des Gebietes um den heutigen Neumarkt.

1547 Die Albertiner erlangen die Kurwürde für Sach-

◁ *Kurfürst Moritz überreicht seinem Bruder August das Kurschwert, Moritzmonument (um 1553) an der Brühlschen Terrasse*

sen – Voraussetzung für Dresdens Aufstieg zur hochrangigen Kunst- und Kulturstadt.

1548 Gründung der Hofkapelle, der heutigen Sächsischen Staatskapelle.

1550 Altendresden wird mit Dresden vereint.

1553 Mit dem Moritzmonument entsteht das erste Denkmal in Dresden. Es wird an der späteren Bastion Mars in der Nähe des Pirnaischen Tores aufgestellt.

1560 Einrichtung der Dresdner Kunst- und Naturalienkammer im Schloss durch Kurfürst August (1526–1586).

1617 Heinrich Schütz (1585–1672) wird kurfürstlich-sächsischer Hofkapellmeister. Er komponiert 1627 die erste deutsche Oper ›Daphne‹.

1632/33 Eine Pestepidemie rafft große Teile der Bevölkerung dahin.

1656 Wolf Caspar von Klengel (1630–1691), der die späteren Kurfürsten Johann Georg IV. und Friedrich August I. als Prinzen unterrichtet, wird zum Oberlandbaumeister ernannt.

1660 Die neue Bauordnung besagt: »Nicht der Stadtzierde zuwider oder dem Nachbar zum Schaden.« Baufluchten müssen eingehalten werden.

1685 Ein Brand zerstört große Teile von Altendresden.

1689 Der aus Süddeutschland stammende Balthasar Permoser (1651–1732) kommt als Hofbildhauer nach Dresden. Seine Hauptwerke befinden sich am Zwinger.

1694 Friedrich August I., der Starke (1670–1733), übernimmt nach dem plötzlichen Tod seines kinderlosen Bruders Johann Georg IV. (1668–1694) die Regierungsgeschäfte.

1696 Geburt von Kurprinz Friedrich August, dem einzigen Kind aus der Ehe Augusts des Starken mit Kurfürstin Christiane Eberhardine von Brandenburg-Bayreuth.

1697 Nach seinem Übertritt zum Katholizismus wird Friedrich August I. als August II. zum König von Polen gekrönt (reg. bis 1706 und wieder ab 1709 bis zu seinem Tod).

1703 Anna Constanze von Brockdorf (1680–1765) kommt nach Dresden. Die spätere Reichsgräfin Cosel ist die berühmteste Mätresse Augusts des Starken.

1705 Kaiser Leopold I. stirbt in Wien. Als Reichsvikar führt August der Starke bis zur Wahl eines neuen Kaisers die Geschäfte des Reiches. – Die Malerakademie entsteht, aus der 1764 die Königlich-Sächsische Akademie der Bildenden Künste hervorgeht. 1950 werden die Akademie der Bildenden Künste und die seit 1875 bestehende Kunstgewerbeakademie zur Hochschule für Bildende Künste vereint.

1707–09 Johann Friedrich Böttger (1682–1719) gelingt auf der Grundlage von Ehrenfried Walther von Tschirnhaus' Forschungen die Herstellung des europäischen weißen Porzellans.

1708 August der Starke bestimmt, dass in Dresden fortan nur noch Steinbauten errichtet werden dürfen.

1710 Die Porzellanmanufaktur, auf Geheiß Augusts des Starken in Dresden gegründet, wird noch im selben Jahr auf die Albrechtsburg in Meißen verlegt.

1711 Kaiser Joseph I. stirbt an den Pocken. August der Starke ist gemeinsam mit dem Kurfürsten von der Pfalz Reichsvikar.

1713 Reichsgräfin von Cosel fällt bei August dem Starken in Ungnade und wird ab 1716 auf die Burg Stolpen verbannt, wo sie nach 49 Jahren Festungshaft im Alter von 84 Jahren stirbt.

1718 Der Erbauer des Zwingers, Matthäus Daniel Pöppelmann (1662–1736), der 1680 nach Dresden gekommen war, wird zum Leiter des neuen Oberlandbau-

August der Starke besucht Johann Friedrich Böttger, den Erfinder des Porzellans, auf der Albrechtsburg von Meißen ▷

amtes berufen, das alle Profanbauten der Stadt zu genehmigen hat.
1719 Dresden erlebt mit der Hochzeit von Kronprinz Friedrich August (1696–1763) und der Kaisertochter Maria Josepha (1699–1757) das pompöseste Fest seiner Geschichte. – Das neue von Pöppelmann erbaute Opernhaus am Zwinger (1849 durch Brand zerstört) ist mit rund 2000 Plätzen das größte Theater in Deutschland.
1721 Umbenennung der Festungsbastionen auf Befehl Augusts des Starken nach der Sonne und sechs ihrer Planeten.
1723–29 Einrichtung des Grünen Gewölbes als kurfürstliche Schatzkammer im Residenzschloss.
1727 Tod von Kurfürstin Christiane Eberhardine. August der Starke nimmt an der Beerdigung seiner Gemahlin nicht teil.
1730 Als erster seines Faches bekommt George Bähr (1666–1738) in Dresden den Titel Architekt verliehen. Sein bedeutendstes Werk ist die Frauenkirche. Sie wird 1945 zerstört, 1994–2005 jedoch wieder aufgebaut.
1732 Altendresden erhält den Namen Neue Königsstadt, später kurz Neustadt genannt.
1733 August der Starke stirbt. Nachfolger als Kurfürst wird sein Sohn Friedrich August II., dessen Wahl als August III. zum König von Polen am 5. Oktober erfolgt.
1734 Nach nur achtjähriger Bauzeit wird die Frauenkirche geweiht.
1738 Beginn der Arbeiten an der Katholischen Hofkirche.
1748 Bernardo Bellotto, gen. Canaletto (1721–1780), seit 1746 auf Einladung Augusts in Dresden, wird zum Hofmaler ernannt.
1754 Raffaels Bild ›Sixtinische Madonna‹ trifft in Dresden ein und wird zur Hauptattraktion der Gemäldegalerie Alte Meister.
1760 Die Truppen von Preußenkönig Friedrich II. (1712–1786) zerstören im Siebenjährigen Krieg durch Artilleriebeschuss weit über ein Drittel der Dresdner Altstadt.
1763 Mit dem Friedensschluss von Hubertusburg (Ende des Siebenjährigen Krieges) verliert Sachsen das Anrecht auf die Krone Polens. – Tod von Kurfürst Friedrich August II. Der neue Kurfürst Friedrich Christian (1722–1763) regiert nur wenige Wochen, er stirbt plötzlich an den Pocken. Sein Nachfolger wird Friedrich August III. (1750–1827).
1766 Der Schweizer Anton Graff (1736–1813) kommt als Hofmaler nach Dresden. Er und sein Landsmann Adrian Zingg (1734–1816) sollen für den sächsischen Teil des Elbsandsteingebirges die volkstümliche Bezeichnung ›Sächsische Schweiz‹ geprägt haben.
1768 Johann Wolfgang von Goethe (1749–1832) besucht, noch Student in Leipzig, zum ersten Mal Dresden.
1775 Auf dem Schlossturm wird der erste Blitzableiter Dresdens installiert.
1806 Französische Truppen besetzen Dresden und Sachsen wird Königreich von Napoleons Gnaden.
1808 Heinrich von Kleist (1777–1811) weilt in Dresden und schreibt hier sein Drama ›Käthchen von Heilbronn‹ sowie seine Novelle ›Michael Kohlhaas‹.
1809 Frankreichs Kaiser Napoleon I. (1769–1821) befiehlt, die Festungswerke zu schleifen.
1813 König Friedrich August I. (1750–1827) wird in der Völkerschlacht bei Leipzig am 19. Oktober gefangen genommen und nach Berlin gebracht. Sachsen erhält den Status eines russisch-preußischen Generalgouvernements.
1813/14 Fürst Nikolaus Repnin-Wolkonski (1778–1845), der an der Spitze des Generalgouvernements steht, bestimmt das Brühlsche Palais zu seinem Wohn- und Amtssitz.

Gräfin Cosel, die Mätresse Augusts des Starken, als Teilnehmerin des Damenringrennens von 1709

Hofmaler Bernardo Bellotto, gen. Canaletto, malte 1751–53 dieses Dresden-Panorama mit Augustusbrücke, Frauenkirche und Katholischer Hofkirche (Gemäldegalerie Alte Meister)

1815 Sachsen muss auf dem Wiener Kongress zwei Drittel seines Gebietes an Preußen abtreten, darunter die Niederlausitz und Teile der Oberlausitz. – Der König kehrt am 7. Juli aus der Gefangenschaft zurück.

1817 Carl Maria von Weber (1786–1826) wird Hofkapellmeister.

1827 Der Arzt und Maler Carl Gustav Carus (1789–1869), der seit 1814 in Dresden wirkt, wird Leibarzt der Königlichen Familie.

1828 Eröffnung der Königlichen Technischen Bildungsanstalt. Ab 1871 heißt sie Königlich-Sächsisches Polytechnikum, ab 1890 Technische Hochschule und seit 1961 Technische Universität.

1831 Sachsen wird nach den Unruhen des Jahres 1830 Verfassungsstaat. Die Kunstsammlungen werden Staatseigentum.

1832 Der Künstler Ernst Rietschel (1804–1861) erhält die Berufung als Professor an die Kunstakademie. Er begründet zusammen mit Ernst Julius Hähnel (1811–1891) die Dresdner Bildhauerschule des 19. Jh.

1834 Gottfried Semper (1803–1879) kommt nach Dresden. Ab 1839 ist er Professor für Baukunst an der Kunstakademie.

1835 Einführung der allgemeinen Schulpflicht.

1836/37 Der Vogtländer Johann Andreas Schubert (1808–1870) baut das erste Elbe-Dampfschiff ›Königin Maria‹ und kurz darauf die erste deutsche Lokomotive ›Saxonia‹.

1837 Beginn der öffentlichen Dampfschifffahrt auf der Elbe zwischen Dresden und Rathen.

1839 Eröffnung der ersten deutschen Eisenbahnfernverbindung zwischen Leipzig und Dresden. – Der Mechaniker und Optiker Friedrich Wilhelm Enzmann beginnt als einer der ersten in der Welt Kameras herzustellen und macht Dresden damit zur Wiege der deutschen Fotoindustrie.

1841 Adrian Ludwig Richter (1803–1884), der führende Vertreter der deutschen Spätromantik, wird Professor an der Kunstakademie.

1843 Der seit einem Jahr in Dresden weilende Richard Wagner (1813–1883) bekommt die Stelle des Hofkapellmeisters.

1849 Gottfried Semper und Richard Wagner müssen wegen der Teilnahme am Dresdner Maiaufstand aus der Stadt fliehen.

1853 Im Coselpalais richtet die königlich-sächsische Polizeidirektion das erste Einwohneramt ein.

1854/55 Die Gemäldegalerie Alte Meister kann in den nach Plänen Gottfried Sempers errichteten Neubau des Zwingers einziehen.

1861 Der Zoologische Garten, der älteste Tiergarten im Osten Deutschlands, wird gegründet.

1862 Die erste Zigarettenfabrik Deutschlands nimmt die Produktion auf. 1880 bestehen bereits 21 Firmen.

1868–74 Bau der Kanalisation im Dresdner Stadtgebiet.

1872 Gründung der Dresdner Bank. – Die erste Linie der Pferdestraßenbahn nimmt den Betrieb auf.

1883 Zehn Pferdebahnlinien mit einer Streckenlänge von 42 km bestehen in der Stadt, 524 Pferde und 111 Wagen werden eingesetzt.

1893 Die ›Blaues Wunder‹ genannte Elbbrücke, eine technische Meisterleistung der damaligen Zeit, wird dem Verkehr übergeben. – Vom Schlossplatz nach Blasewitz führt die erste elektrifizierte Straßenbahnlinie.

Denkmal des Architekten Gottfried Semper (1892) auf der Brühlschen Terrasse

Richard Wagner – der Steckbrief eines politischen Flüchtlings (1849)

1901 In Anwesenheit von Kronprinz Friedrich August (1865–1932) wird die Bergschwebebahn zur Loschwitzhöhe in Betrieb genommen.
1905 Bildung der Dresdner Künstlervereinigung ›Die Brücke‹, der erste Zusammenschluss expressionistischer Künstler in Deutschland.
1910 Die Raddampferflotte bekommt das Terrassenufer unterhalb der Brühlschen Terrasse als ständigen Liegeplatz zugewiesen.
1911 Uraufführung des ›Rosenkavaliers‹ von Richard Strauss unter dem Dirigenten Ernst Edler von Schuch. – Die I. Internationale Hygiene-Ausstellung findet statt. Sie zieht innerhalb von drei Monaten mehr als 5 Mio. Besucher an. Organisator ist Karl August Lingner (1861–1916), der Produzent des Odol-Mundwassers und Initiator des Dresdner Deutschen Hygiene-Museums.
1920 Die Verfassung des Freistaates Sachsen wird angenommen.
1922 Im Alter von erst 32 Jahren erhält Fritz Busch (1890–1951) die Berufung zum Generalmusikdirektor der Staatsoper. 1933 titulieren ihn Nationalsozialisten als ›Judenfreund‹ und zerren ihn während einer Verdi-Aufführung vom Dirigentenpult. Busch verlässt daraufhin Deutschland und geht nach Buenos Aires.
1925 Erste Rundfunksendung aus Dresden. – Gret Palucca (1902–1993) gründet ihre später zu Weltruhm gelangte Schule für künstlerischen Tanz.
1931 Die moderne Abteilung der Gemäldegalerie wird als Gemäldegalerie Neue Meister etabliert.
1933 Auflösung des Landtages.
1935 Bau des Flughafens Dresden Klotzsche.
1937 Bilder der in Dresden wirkenden Maler wie Otto Dix, Conrad Felixmüller und Karl Schmidt-Rottluff werden aus der Gemäldegalerie entfernt und in München auf der Ausstellung ›Entartete Kunst‹ gezeigt.
1938 Reichskristallnacht auch in Dresden. Die von Gottfried Semper geschaffene Synagoge wird in Brand gesetzt.
1945 Zerstörung Dresdens am 13./14. Februar durch britische und amerikanische Bomber. Einmarsch der Sowjetarmee am 8. Mai. – Erste Konzerte der Philharmonie und des Kreuzchors.
1946 Kunstschätze, die im Zweiten Weltkrieges ausgelagert waren, werden in die Sowjetunion abtransportiert.
1949 Gründung der DDR.
1952 Das Land Sachsen wird aufgelöst und die Bezirke Dresden, Chemnitz (Karl-Marx-Stadt) und Leipzig entstehen. Dresden wird Bezirksstadt. – Gründung der Hochschule für Musik Carl Maria von Weber.
1953 Grundsteinlegung für den Wiederaufbau des Altmarktes und somit erster Schritt zur Rekonstruktion des Dresdner Stadtzentrums.
1956 Wiedereröffnung der Gemäldegalerie Alte Meister, nachdem ein Jahr zuvor die bedeutendsten Bilder der Sammlung aus der Sowjetunion zurückgekehrt waren.
1976 Der Wiederaufbau der Katholischen Hofkirche ist abgeschlossen.
1979 Ovationen für Karl Böhm (1894–1981), der von 1933 bis 1942 Generaldirektor der Staatsoper war und nun noch einmal an seine einstige Wirkungsstätte zurückkehrt. Böhm und die Staats-

kapelle spielen Schuberts ›Unvollendete‹ zu diesem feierlichen Anlass.

1981 Dresden wird Sitz des Bistums Dresden-Meißen, die Katholische Hofkirche erhält den Rang einer Kathedrale.

1985 40 Jahre nach ihrer Zerstörung wird die Semperoper mit Carl Maria von Webers ›Der Freischütz‹ wieder eröffnet.

1986 Beginn des Wiederaufbaus des Dresdner Residenzschlosses.

1989 Demonstrationen und Diskussionen führen am 8. Oktober in Dresden zur Bildung der ›Gruppe 20‹. Dieses demokratische Bürgerkomitee organisiert und leitet die friedliche Revolution in Dresden gegen die DDR-Staatsführung.

1990 Nach mehr als 40 Jahren finden die ersten freien Wahlen statt. Der Freistaat Sachsen entsteht wieder und Dresden wird Landeshauptstadt.

1994 Beginn des Wiederaufbaus der Frauenkirche.

1997 Dresden begeht das 300-jährige Thronjubiläum von August dem Starken mit einer Festwoche und der Ausstellung zur ›Sächsisch-polnischen Union‹.

2001 Die ersten Luxusautos verlassen die Gläserne Manufaktur von VW.

2002 Im August erlebt Dresden eine Jahrhundertflut. Große Teile der Stadt einschließlich des Zwingers und der Semperoper stehen unter Wasser.

2003 Seit Pfingsten läuten in der Frauenkirche wieder die Glocken, die Baugerüste werden entfernt.

2004 Dresden und das Dresdner Elbtal werden von der UNESCO in die Liste des Weltkulturerbes aufgenommen. – Mit dem Aufsetzen der hölzernen Turmhaube mit dem goldenen Kuppelkreuz kommt am 22. Juni der der äußere Wiederaufbau der Frauenkirche zum Abschluss.

Auferstehung aus Trümmern – die Frauenkirche 1994 als Ruine mit Baukränen und 2004 nach Aufsetzen der Turmhaube

Traum aus Stein – Balthasar Permosers
zauberhafte Hermen am Wallpavillon des Zwingers

Unterwegs

Innere Altstadt – Schätze der Weltkultur

Aus dem kleinen mittelalterlichen Flecken *Dresdene* wuchs – nach der Eingliederung von Altendresden auf dem rechtselbischen Ufer im 16. Jh. und der Eingemeindung der Vorstädte im 17. Jh. – die Großstadt Dresden heran. Dem **alten Stadtkern** am linken Ufer der Elbe, Innere oder Historische Altstadt genannt, gilt das besondere Interesse der Besucher. Diesen Stadtteil begrenzt im Norden die Elbe, im Westen sind es Zwinger und Postplatz, im Süden und Osten die auf dem Gelände der alten Stadtbefestigung erbauten Wallstraßen, Dr.-Külz-Ring und St. Petersburger Straße.

1 Theaterplatz

TOP TIPP *Dresdens repräsentativster Platz mit Baudenkmälern von Weltruf.*

Tram 4, 8, 9 bis Theaterplatz

Die meisten Dresden-Besucher eilen zunächst hierher, denn im weiten Bogen umrahmen den in Elbnähe liegenden Theaterplatz jene monumentalen Bauwerke, die den Ruhm Dresdens als Zentrum der Kunst und Architektur begründet haben: **Semperoper** [Nr. 2], **Italienisches Dörfchen** [Nr. 3], **Gemäldegalerie Alte Meister** [Nr. 5], **Residenzschloss** [Nr. 12] und **Kathedrale** [Nr. 14]. Der Theaterplatz erhielt sein heutiges Erscheinungsbild im Wesentlichen während des 19. Jh., als Baudenkmäler wie die Semperoper und die Altstädter Wache errichtet wurden. Wenn erst das Residenzschloss – Inbegriff der Königsstadt Dres-

den – in alter Pracht völlig wieder hergestellt ist, wird der Theaterplatz wieder ganz vorn in der Reihe der schönsten Platzanlagen Europas stehen.

Mitten auf seiner weiten gepflasterten Fläche steht das bronzene **Reiterdenkmal König Johanns** (1889) von Johannes Schilling. Der sächsische Monarch schaut in Richtung der Kathedrale (ehem. Katholische Hofkirche). Es wird erzählt, er achte seit nunmehr 150 Jahren darauf, dass sein besonders schmuckreicher Sarkophag nicht aus der Gruft der Kirche entwendet werde. Des Königs Sorge ist jedoch unbegründet, denn kein Dieb wäre in der Lage, das 5 t schwere *Grabdenkmal* die Treppen hochzuwuchten. Johann regierte – nach dem plötzlichen Tod seines Bruders Friedrich August II. – von 1854 bis 1873. Er war weniger der Königswürde zugetan als den Wissenschaften und galt als Danteforscher. Unter dem Pseudonym Philalethes hatte er noch als Prinz die ›Göttliche Komödie‹ übersetzt. Sein Reiterdenkmal zeigt Johann jedoch in königlicher Pose mit Mantel und Zepter hoch zu Ross – auf einem mit allegorischen Szenen reich reliefierten Sockel.

Fast versteckt zwischen Semperoper und Gemäldegalerie steht das **Denkmal für Carl Maria von Weber** (um 1855). Ernst Rietschel hat die überlebensgroße Bronzestatue des Komponisten des ›Freischütz‹ geschaffen, das Postament stammt von Georg Hermann Nicolai.

Die der Oper gegenüber liegende **Altstädter Wache** (1830–32) besitzt große Ähnlichkeit mit der Neuen Wache in Berlin. Kein Wunder, denn *Karl Friedrich Schinkel*, Preußens großer Baumeister

Oben: *Die weltberühmte Semperoper, der Ruhmestempel sächsischer Musik, Kunst und Kultur*
Links: *Großartige Kulisse – Theaterplatz mit dem Reiterdenkmal König Johanns, der Kathedrale, dem Residenzschloss und der Altstädter Wache*

des Klassizismus, hat beide entworfen. In Dresden und in Berlin lehnte er sich an antike Architekturformen an. Während Schinkel in Berlin aber die blockhafte Form eines römischen Kastells mit dorischen Säulen wählte, entschied er sich in Dresden für den Typus des ionischen Tempels mit einem *Portikus* von sechs Säulen und zurückhaltend geschmückten Giebelfeldern. Die *Saxonia* in dem dem Schloss zugewandten Giebel schuf Joseph Hermann, den *Mars* an der Theaterseite schuf Franz Pettrich. Das Sandsteinbauwerk wird in Verehrung seines Schöpfers meist *Schinkelwache* genannt.

2 Semperoper
Sächsische Staatsoper

TOP TIPP *Der Ruhmestempel der sächsischen Kunst gehört zu den schönsten Musiktheatern Europas.*

Theaterplatz
Tel. 03 51/4 91 14 96
www.semperoperfuehrungen.de
Die Führungen (Dauer 1 Std.) richten sich nach dem Proben- und Vorstellungsprogramm.
Tram 4, 8, 9 bis Theaterplatz

In der Geschichte der Architektur gewiss einmalig, präsentiert sich hier ein Bauwerk, das nach den Plänen ein und desselben Architekten dreimal neu entstand. Diesen Rekord hält die Sächsische Staatsoper, volkstümlich nach ihrem Baumeister Semperoper genannt. Es war für das Erschienungsbild der Stadt wahrlich ein Glück, dass dieser geniale Baumeister 1834 nach Dresden kam.

Überschwängliche Opernpracht als Einstimmung auf musikalische Genüsse

Geschichte Am 12. April 1841 öffnete sich im *Hoftheater* zum ersten Mal der Vorhang. Das neue Haus von **Gottfried Semper**, ein Rundbau in den Formen der italienischen Renaissance, wurde damals als eines der schönsten Theater Europas gerühmt. Ab 1843 war *Richard Wagner* hier als Kapellmeister tätig. Nachdem das Königliche Theater im Jahre 1869 durch einen Brand vernichtet worden war, wurde nach Plänen Gottfried Sempers 1871–78 ein **Neubau** errichtet. Da Semper in Wien unabkömmlich war, übernahm sein Sohn Manfred die Bauausführung. Die Semperoper entwickelte sich zu einer der angesehensten Bühnen Europas. Hier fanden allein 51 Ur- und 120 Erstaufführungen, unter solch bedeutenden Dirigenten wie Ernst Edler von Schuch, Fritz Busch und Karl Böhm, statt. Diesem Wohlklang setzte die Bombennacht im Februar 1945 ein jähes Ende: Mit dem übrigen Dresden sank auch die weltberühmte Semperoper in Schutt und Asche. In den Folgejahren konnte die **Ruine** zunächst nur gesichert werden. Schließlich begann 1977 – unter der Leitung des Architekten Wolfgang Hänsch – die **Wiederherstellung** des Opernhauses nach den Originalplänen. Der Gebäudekomplex wurde um drei moderne Funktionsbauten für Probebühnen, Garderoben und Verwaltungsräume erweitert, die sich auf der Rückseite unauffällig angliedern. Am 13. Februar 1985, genau 40 Jahre nach der zweiten Zerstörung, wurde das Opernhaus mit dem ›Freischütz‹ zum dritten Mal eröffnet – jener Oper Carl Maria von Webers, die als letzte vor der Schließung aufgeführt worden war.

Besichtigung Die Welt erhielt 1985 eines ihrer schönsten Musiktheater wieder. Beim Wiederaufbau gelang eine Synthese von historischem Baudenkmal und moderner **Bühnentechnik**, architektonische Bravour und fabelhaftes Klangvermögen verschmelzen zu einer Einheit. Der Besuch der Semperoper gehört zu den Höhepunkten eines touristischen Dresden-Besuches. Die Rekonstruktion des 20. Jh. stellt den Originalzustand des

Seit 1985 sind die Spuren der Kriegszerstörung vergessen. Ob im Parkett, auf den Rängen oder in der Königsloge: Atmosphäre und Akustik versprechen einen unvergesslichen Abend

zweiten Semperbaus wieder her: Die kolossale **Fassade** im Stil der Renaissance mit ihren elegant geschwungenen Fensterarkaden öffnet sich in der Mitte in eine tiefe halbrunde **Exedra** mit dem prachtvollen Eingangsportal. Sie wird bekrönt von einer bronzenen *Panther-Quadriga* mit Dionysos und Ariadne, ein Werk Johannes Schillings. Vom 1869 abgebrannten Theater blieben vier Skulpturen von Ernst Julius Hähnel erhalten. In den Nischen der beiden Fassadenenden stehen die Figuren berühmter Theaterdichter: Auf der linken Seite erscheinen Shakespeare (unten) und Sophokles, rechts stehen Molière (unten) und Euripides.

Verwundert schaut mancher Besucher auf die den Eingang flankierenden Sitzfiguren von **Goethe** und **Schiller**, Werke von Ernst Rietschel. Die Dichterfürsten sind jedoch aus gutem Grund hier. Sie erinnern an die ersten Jahre nach der Eröffnung, als die zweite Semperoper auch als Schauspielhaus diente.

Im **Inneren** gelangt der Besucher zunächst in das prachtvolle **Hauptfoyer**. Von hier führen die reizenden Treppenvestibüle und Wandelgänge in den **Zuschauerraum**, der mit seiner kostbaren Ausstattung und seinem reichen Dekor originalgetreu wieder hergestellt wurde. Die königliche Atmosphäre und die exzellente Akustik scheinen unverändert. Modernisierungen betrafen vor allem die Bühnentechnik und die Verbesserung der Sichtverhältnisse durch Entfernung des fünften Ranges. Wem das Glück, eine der Aufführungen der Staatsoper zu besuchen, nicht beschieden ist, der sollte unbedingt an einer der Besichtigungstouren teilnehmen.

3 Italienisches Dörfchen

Im Namen dieser Gaststätte lebt die Erinnerung an die beim Bau der Katholischen Hofkirche tätigen italienischen Handwerker fort.

Theaterplatz 3
Tram 4, 8, 9 bis Theaterplatz

Das Italienisches Dörfchen genannte Bauwerk (1911–13) verkörpert ein Stück Dresdner Stadtgeschichte. Der Auftrag für die Katholische Hofkirche [Nr. 14] konnte natürlich nicht an einen der einheimischen protestantischen Baumeister vergeben werden. Der katholische **Kurfürst Friedrich August II.** von Sachsen, zugleich als August III. König von Polen, beauftragte deshalb den italienischen

In der Gaststätte ›Italienisches Dörfchen‹ lohnt der Blick zur Decke wieder. Beim Speisen unterhält die dekorationsfreudige Malerei mit ihren Porträtmedaillons

Architekten *Gaetano Chiaveri*, der neben zwei italienischen Bauführern weitere Landsleute als Handwerker mitbrachte. Sie alle siedelten sich direkt am Bauplatz an. Anfang des 20. Jh. sollte der Theaterplatz zur Elbe hin, wo einst die Wohnhäuser der Italiener standen, architektonisch geschlossen werden. Der Blick auf Oper und Gemäldegalerie sollte jedoch unbedingt erhalten bleiben. Diese städtebauliche Aufgabe hat Baurat **Hans Erlwein** mit dem flachen, sandsteinverkleideten Bauwerk meisterhaft gelöst. Das Italienische Dörfchen passt sich mit seiner klassizistischen **Fassade** bestens in das Gesamtensemble des Theaterplatzes ein. Der plastische Schmuck des Giebels stammt von Georg Wrba. Mit der Zerstörung der Gaststätte im Jahr 1945 ging auch die heitere, von Dresdner Künstlern geschaffene **Innengestaltung** verloren. Bereits 1956/57 wieder aufgebaut, erhielt das Gebäude im Verlauf der 1994 beendeten Restaurierung die historische Ausmalung seiner Räume zurück. Vom Italienischen Dörfchen führt eine Freitreppe hinunter zur Elbuferstraße.

4 Zwinger

TOP TIPP *Eines der berühmtesten Bauwerke Europas mit prächtiger Festarchitektur.*

Zwischen Ostra-Allee, Sophienstraße und Theaterplatz
Tram 1, 2, 4, 6, 8, 9, 11, 12, 47 und Bus 82, 94 bis Postplatz

Der Zwinger ist ein Meisterstück deutscher Barockarchitektur. ›Römische Schauburg‹ nannte der Baumeister **Matthäus Daniel Pöppelmann** sein prachtvolles Werk. Die verschwenderische Fülle plastischen Schmucks schuf **Balthasar Permoser**. Permoser war seit 1689 als Hofbildhauer von Kurfüst Johann Georg III. in Dresden tätig und hatte zuvor – besonders in Florenz – schon Zauberhaftes geschaffen.

Der Lust wurde im Zwinger einst reichlich gefrönt, ein Fest löste das andere ab. Das pompöseste wurde 1719 anlässlich der Hochzeit des Kurprinzen Friedrich August mit der Kaisertochter Maria Josepha gegeben – es dauerte vier Wochen. Heute gehört ein abendliches *Serenadenkonzert* im Zwingerhof zu den schönsten Gesamtkunst-Erlebnissen in Dresden.

Der Name *Zwinger* leitet sich nicht etwa von einem Tierkäfig ab. Er bezeichnet vielmehr die Lage und die besonderen Eigenschaften des Gebäudekomplexes:

Im Festungsbau wird der Freiraum zwischen der äußeren und der inneren Wehrmauer als Zwinger bezeichnet.

Geschichte Der Dresdner Zwinger entstand in mehreren Bauphasen zwischen 1710 und 1732. Seit 1709 bestand an gleicher Stelle bereits ein mit Holzgebäuden umsäumter **Festplatz** für Turniere. Die Elbseite des Zwingerhofs blieb zunächst offen, nur eine Mauer mit Pforte riegelte sie ab. Mehr als 100 Jahre später schloss *Gottfried Semper* die Lücke mit der 1854 vollendeten Gemäldegalerie Alte Meister. Die umfangreiche Instandsetzung des Zwingers (1924–36) unter der Leitung von Hubert Ermisch wurde durch die Bombardierung Dresdens 1945 zunichte gemacht. Damals glaubten die Dresdner, ihr Zwinger sei für immer verloren, so vernichtend war er getroffen worden. Doch schon wenige Monate nach Kriegsende begann der Wiederaufbau, der 1963 im Wesentlichen abgeschlossen war.

Permosers Pan – der Hofbildhauer schuf diesen fröhlichen Hirtengott am Wallpavillon des Zwingers

Besichtigung Zugänge zum Zwinger sind das Kronentor im Westen und – vom Theaterplatz aus – die Gemäldegalerie. Durch seine Geschlossenheit und das fantastische Zusammenspiel von Architektur und Bildschmuck erweckt der Zwinger den Eindruck, als sei er einheitlich geplant und in einem Zug erbaut worden. Doch was heute als architektonischen Einheitlichkeit bewundert wird, wurde in mehreren Etappen konzipiert. Die **Eckpavillons** und die verbindende **Bogengalerie** an der Wallseite waren die ersten Gebäude. Sie sollten als *Orangerie* dienen. Architektonischer Höhepunkt der ersten Baugruppe bildet der wegen seiner Heiterkeit und Leichtigkeit als Star

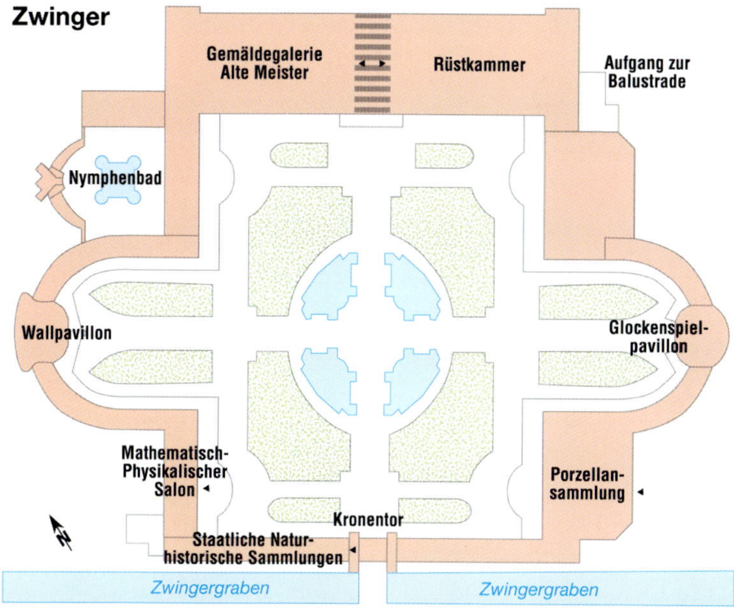

der Anlage gepriesene **Wallpavillon**. Pöppelmann gelang mit ihm ein Spitzenwerk europäischer Barockarchitektur. Die Bekrönung des Wallpavillons bildet der üppige Figurenschmuck Permosers mit dem *Herkules*, der die Weltkugel trägt. Die Figur sollte, wie Pöppelmann erklärte, eine Reverenz an August den Starken sein, der nach dem Tode des Kaisers 1711 dessen Stellvertreterschaft wahrnahm. Auf der *Südseite* erfolgte die spiegelgleiche Wiederholung dieses Architekturkomplexes mit dem **Glockenspielpavillon**. Das Glockenspiel aus Meissener Porzellan, das schon Pöppelmann vorgesehen hatte, erhielt der Pavillon jedoch erst 1930. Nach einer aufwendigen Restaurierung (16 Glocken wurden neu gefertigt) erklingt das *Glockenspiel* wieder seit April 1995. 24 Melodien sind programmiert. Im Winter schweigen die Glocken jedoch, da die computergesteuerte Mechanik Kälte und Eis nicht verträgt.

Die polnische Königswürde Augusts des Starken symbolisiert die vergoldete Krone als Spitze des **Kronentores**. Ein märchenhaftes barockes Wasserkunstwerk entstand mit dem **Nymphenbad** hinter dem Französischen Pavillon. Die Brunnenanlagen im 116 x 204 m großen Zwingerhof gehen auf Entwürfe Pöppelmanns zurück. Diese Pläne wurden erst zu Beginn des 20. Jh. aufgegriffen und realisiert. Auf den mit Vasen und Putten reich geschmückten **Zwinger-Balustraden** kann man ein wenig lustwandeln und die Aussicht genießen.

Bei der ebenfalls vollständig in Sandstein ausgeführten **Gemäldegalerie Alte Meister** [Nr. 5] von 1854 entschied sich Gottfried Semper für Stilformen der Hochrenaissance. Dem Mittelrisalit gab er die Gestalt eines römischen Triumphbogens. Der Zwinger beherbergt neben der Gemäldegalerie noch die **Rüstkammer** [Nr. 6], die **Porzellansammlung** [Nr.

7], den **Mathematisch-Physikalischen Salon** [Nr. 8] sowie die **Staatlichen Naturhistorischen Sammlungen** (Eingang Kronentor, Tel. 03 51/49 52 50, Di–So 10–18 Uhr). Diese vereinen das aus der Kunstkammer hervorgegangene *Museum für Tierkunde* und das *Museum für Mineralogie und Geologie*. Die beiden Sammlungen präsentieren ihre reichen Schätze im Rahmen von Wechselausstellungen in der Langgalerie.

Hinter dem Zwinger – von den ehemaligen Pferdeställen an der Straße Am Zwingerteich verdeckt – ist die 80 m lange **Reithalle** (1749/95) als Rest des Marstalls beachtenswert. Christian Traugott Weinlig erbaute sie im Stil des Klassizismus. Die *Fassade* zeigt im Giebel ein antikes Zweigespann aus Sandstein von Franz Pettrich. Auch die eingelassenen Felder über den Fenstern ziert Reliefschmuck von der Hand dieses Hofbildhauers und Professors an der Kunstakademie. Die Reithalle brannte 1945 aus, 1952 war sie wieder hergestellt und dient heute als Theaterwerkstatt.

Gegenüber, an der Westseite der Ostra-Allee, befand sich die **Orangerie**, ein Bau von 1841 im Stil der Neorenaissance von Otto von Wolframsdorfs. Hier überwinterten damals die Orangenbäumchen des Zwingers. An das einst prachtvolle, 1945 zerstörte Gebäude erinnert einzig die ruinöse Giebelfassade mit den Nischenfiguren Pomona und Flora von Ernst Julius Hähnel.

Etwas weiter, auf der anderen Seite der Ostra-Allee, steht das **Haus der Presse** (1958–65) von Wolfgang Hänsch und Herbert Löschau, ein aus dreigeschossigem Druckereigebäude und 13 Stockwerke hohem Verlagshaus bestehender Komplex im DDR-Stil der 1960er-Jahre.

Links: *Der Zwinger entfaltet als königlicher Festplatz mit Brunnenanlage seine kostbare barocke Anmut. Im Zentrum der Prachtarchitektur steht der majestätische und zugleich grazile Wallpavillon*
Unten: *Auch das Kronentor fasziniert dank eleganter und verspielter Bauformen*

5 Gemäldegalerie Alte Meister

TOP TIPP *Eines der bedeutendsten Kunstmuseen der Welt – von Goethe als ›Heiligtum‹ bezeichnet – mit Raffaels ›Sixtinischer Madonna‹ als Star.*

Staatl. Kunstsammlungen Dresden
Semperbau des Zwingers
Theaterplatz 1
Tel. 0351/4914619
www.skd-dresden.de
Di–So 10–18 Uhr
Tram 1, 2, 4, 6, 8,9, 11, 12, 47 und
Bus 82, 94 bis Postplatz

Die Gemäldegalerie gehört zu den reichsten Sammlungen alter europäischer Malerei, sie bewahrt Schätze der Weltkultur. Schwerpunkte bilden italienische Malerei des 14. bis 18. Jh., Malerei des 17. Jh. aus Flandern und Holland sowie deutsche Malerei des 16. Jh. Außerdem sind Werke spanischer Künstler des 16. und 17. Jh. und französische Gemälde des 17. und 18. Jh. vertreten. Die überwiegende Zahl der Werke kam im 18. Jh. nach Dresden.

Geschichte Das Inventarverzeichnis der **Kurfürstlichen Kunstkammer**, die seit 1560 bestand, nennt im Jahr 1658 bereits 118 Gemälde. August der Starke brachte im Jahr 1699 mit *Giorgiones* ›Schlummernder Venus‹ (um 1508/10) eines der Meisterwerke in die Sammlung. **August der Starke** und sein Sohn **Friedrich August II.** waren es auch, die durch umfangreiche und bedeutende Erwerbungen die Gemäldesammlung zu internationalem Rang erhoben. 1722 wurde dann die Gemäldegalerie gegründet. Ihre erste Heimstatt fand sie 1747 im umgebauten Stallgebäude, dem heutigen Johanneum [Nr. 28]. Hier wurden in dichter Hängung 2200 Bilder ausgestellt. Erst 1854 erhielt die Sammlung mit dem von Gottfried Semper erbauten Galeriegebäude des Zwingers einen angemessenen Rahmen.

Der **Zweite Weltkrieg** bedeutete schmerzliche Verluste für die Gemäldegalerie. Beim Bombenangriff im Februar 1945 verbrannten 154 Gemälde auf einem Lastwagen am Terrassenufer sowie 42 Gemälde im ersten Obergeschoss des Residenzschlosses, darunter Werke von Anton Graff und Lucas Cranach d. Ä. Die Trophäenkommission der Roten Armee ließ nach Kriegsende die wertvollsten der in 45 Depots ausgelagerten Bilder nach Moskau und Kiew transportieren. Die SED-Propaganda stellte das nach der 1955 erfolgten Rückführung als ›Rettungsaktion‹ dar. Weil es durch die Kriegszerstörungen im Land zwischen Oder und Elbe keine sicheren Aufbewahrungsmöglichkeiten gegeben habe – so wurde es den DDR-Bürgern erzählt – habe die Sowjetunion trotz immenser Zerstörungen im eigenen Land die Kunstschätze verwahrt, gepflegt und restauriert. Nach der Wiederherstellung des Semperbaus konnte die Gemäldegalerie Alte Meister am 3. Juni 1956 wieder eröffnet werden. Allerdings sind nicht alle Gemälde damals nach Dresden zurückgekehrt. In der Ende Februar 1995 eröffneten spektakulären Moskauer Ausstellung ›Zweifach gerettet – Werke europäischer Malerei des 14. bis 19. Jahrhunderts‹ wurden auch Gemälde aus der Dresdner Gemäldegalerie gezeigt, die bislang als verschollen gegolten hatten. Sie waren in der Sowjetunion jahrzehntelang unter Verschluss gehalten worden.

Besichtigung Die Farben der Wände verraten, aus welchem Land die rund 700 Gemälde stammen: Die italienischen Werke prangen auf rotem Grund, die holländischen und flämischen auf grünem, die spanischen und französischen hängen in den grauen Sälen.

Die großen Meister der *italienischen Renaissance* sind mit berühmten Werken vertreten: **Tizians** großartiger ›Zinsgroschen‹ (1516) etwa, der mit 100 weiteren Gemälden 1746 wohlverpackt in Dresden eintraf. Dem hochverschuldeten *Herzog Francesco III. von Modena* hatte August III. die besten Stücke seiner Sammlung abkaufen können. Acht Jahre später kam dann jenes Bild nach Dresden, das als vollkommenstes Werk der europäischen Malerei galt und sofort Star der Dresdner Galerie wurde: Raffaels ›**Sixtinische Madonna**‹ (1512/13). Für dieses Meisterwerk, das bis dahin in der Klosterkirche San Sisto zu Piacenza gehangen hatte, musste der Kurfürst tief in die Taschen greifen: Es kostete ihn 60 000 Taler – einschließlich der Kosten für eine Kopie, die seitdem in San Sisto hängt. Zum Vergleich: Der berühmte Hofmaler Canaletto erhielt damals als Jahressalär 1750 Taler.

Auch von *flämischen* und *holländischen Malern* des 17. Jh. gibt es hier kostbare Meisterwerke zu bewundern: **Rembrandts** ›Selbstbildnis mit Saskia‹ (1635/39), das 1751 in Paris erworben werden

Im Rubens-Saal der Gemäldegalerie Alte Meister bezaubert die flämische Malerei des 17. Jahrhunderts mit ihrer sinnlichen Fülle

konnte, und **Vermeer van Delfts** ›Bei der Kupplerin‹ (1656), das Galeriedirektor Johann Gottfried Riedel 1741 zusammen mit 267 weiteren Gemälden aus der Gräflich Wallensteinschen Sammlung in Dux kaufte. **Peter Paul Rubens'** ›Wildschweinjagd‹ (1615/20) konnte zusammen mit weiteren 68 Bildern im Jahr 1749 aus der kaiserlichen Galerie in Prag erworben werden.

Unter den Werken *deutscher Maler* sind besonders hervorzuheben: ›Bildnis des Bernhard von Reesen‹ (1521) und ›Sieben Schmerzen Mariä‹ (1495) von **Albrecht Dürer**, ›Bildnis des Charles de Soilier Sieur de Morette‹ (1534) von **Hans Holbein d. J.** und von **Lucas Cranach d. Ä.** der ›Katharinenaltar‹ (1506).

Ansichten des alten Dresden zeigen die Gemälde von Bernardo Bellotto, gen. **Canaletto**. Sie sind im Erdgeschoss in den Räumen 2 bis 4 und im ersten Obergeschoss im Raum 102 zu sehen. Der Venezianer Canaletto war 1746 nach Dresden gekommen. Elf Jahre später ging er nach Wien, kehrte aber 1761–66 nochmals nach Dresden zurück, um danach in St. Petersburg und Warschau zu arbeiten, wo er 1780 starb.

Für Eilige, denen bei einem ›Schnelldurchgang‹ Zeit zum Suchen fehlt, hier eine **Kurzübersicht**: Rembrandts ›Selbstbildnis mit Saskia‹ hängt im Raum 106, der ›Katharinenaltar‹ von Lucas Cranach d. Ä. im Raum 107, die ›Sixtinische Madonna‹ Raffaels im Raum 118, Giorgiones ›Schlummernde Venus‹ im Raum 118, Tizians ›Zinsgroschen‹ im Raum 121, Jean Étienne Liotards ›Schokoladenmädchen‹ (um 1744) im Raum 201.

6 Rüstkammer
Historisches Museum

TOP TIPP *Eine der umfangreichsten und bedeutendsten Prunkwaffensammlungen der Welt.*

Staatl. Kunstsammlungen Dresden
Semperbaus des Zwingers
Theaterplatz
Tel. 03 51/4 91 46 19
www.skddresden.de
Di–So 10–18 Uhr
Tram 1, 2, 4, 6, 8, 9, 11, 12, 47 und
Bus 82, 94 bis Postplatz

Macht und Reichtum sollte der *Prunkharnisch für Mann und Ross* (1562–64) verkörpern, den Kurfürst Christian II. getragen hat. Eliseus Libaerts hat ihn für den schwedischen König Erik XIV. gefertigt, 1606 wurde er vom Dresdner Hof erworben. Der Harnisch ist das Glanzstück der Rüstkammer, die **Festgewänder** ebenso wie **Waffenschmuck** verwahrt. Insgesamt sind es 10 000 Meisterwerke europäischer Handwerkskunst.

Geschichte Die Rüstkammer ging aus dem privaten Kunstbesitz der sächsischen Herrscher hervor. Ihr genaues Gründungsjahr ist allerdings nicht bekannt. Im 16. Jh. war sie bereits so angewachsen, dass für ihre Unterbringung ein eigener Bau, das *Stallgebäude* errichtet wurde, in dessen Obergeschoss sie 1590 zog. Das Erdgeschoss war Pferden und Kutschen vorbehalten. August der Starke richtete später nach dem Vorbild des französischen Königs Ludwig XIV. eine *Gewehrgalerie* ein und ließ alle in den verschiedenen Schlössern aufbewahrten Gewehre zusammentragen. 1831 bekam die Sammlung den Namen **Königliches Historisches Museum**. Nach mehreren Umlagerungen, so 1832/33 in den Zwinger, siedelte das Museum 1876 erneut in das Stallgebäude um, das nun *Johanneum* [Nr. 28] hieß. 1945/46 schleppte die Sowjetarmee Waffen und Harnische als Kriegsbeute davon, gab sie jedoch Ende 1958 zurück.

Besichtigung Von der umfangreichen Sammlung werden 1300 künstlerisch und handwerklich hervorragende Objekte gezeigt. Besonders zahlreich sind **Pistolen** und **Gewehre** aus der Zeit vom 16. bis 19. Jh. vertreten, gefertigt von den namhaftesten Büchsenschmieden Europas. Mit etwa 2000 **Schwertern** verfügt das Museum über einen einzigartigen Besitz an Waffen dieses Typs. Besonders bemerkenswert ist das erste sächsische *Kurschwert* von 1425, mit dem Friedrich der Streitbare von Kaiser Sigismund mit der sächsischen Kurwürde belehnt wurde. Das Museum besitzt auch den *Felddegen* Zar Peters des Großen, das Kurschwert des Herzogs Moritz sowie den *Krönungsornat* von August dem Starken, den er 1697 anlässlich seiner Krönung zum König von Polen trug.

7 Porzellansammlung

TOP TIPP

Eines der drei größten Porzellanmuseen der Welt.

Staatl. Kunstsammlungen Dresden
Südwestpavillon des Zwingers
Sophienstraße 2
Tel. 03 51/4 91 46 19
www.skd-dresden.de
Di–So 10–18 Uhr
Tram 1, 2, 4, 6, 8, 9, 11, 12, 47 und Bus 82, 94 bis Postplatz

August der Starke wollte mit seiner Porzellansammlung Aufsehen erregen. Ein

Besucher der Rüstkammer brauchen sich nicht zu fürchten, in diesen Rüstungen stecken längst keine Ritter mehr

›Porzellanschloss‹ schwebte ihm vor, das die sächsische Residenz zu *der* Kunststadt Europas machen sollte. Doch bevor das dafür vorgesehene **Japanische Palais** [Nr. 40] vollendet war, ereilte den Monarchen der Tod und das Porzellanschloss blieb ein Traum. Die Dresdner Porzellansammlung gehört neben der des chinesischen Kaiserpalastes in *Peking* und der des Serail-Museums in *Istanbul* zu den größten Keramik-Museen der Welt.

Geschichte August der Starke begann im Jahr 1710 Porzellan zu sammeln, neben Stücken aus seiner eigenen Meissener Manufaktur kaufte er auch historische Stücke aus Ostasien. Im Jahr 1717 kam die Sammlung ins Japanische Palais, 1876 wurde sie ins *Johanneum* verlegt. Die Sowjetunion gab 1958 die nach Kriegsende entwendeten Schätze zurück; seit 1962 sind sie im Südwestpavillon des Zwingers zu bewundern. Nach umfassender Restaurierung wurde die Sammlung Ende 2002 wieder eröffnet.

Besichtigung Das Museum besitzt den größten Bestand **japanischen Porzellans** außerhalb Japans. Einige der schönsten Stücke stammen aus diesem Kulturkreis und sie können sich durchaus mit dem **chinesischen Porzellan** messen. Die meisten von ihnen tragen die sog. ›Johanneumsnummer‹ von 1721. Bereits in diesem ersten Inventarverzeichnis sind auf 884 Seiten mehr als 23 000 Porzellanobjekte registriert. Zu den Kostbarkeiten aus **Meissener Porzellan** gehören Arbeiten von *Johann Gregorius Höroldt*, dem großen Dekorgestalter des 18. Jh. in Europa. Von *Johann Joachim Kändler*, dem Schöpfer meisterhafter Rokoko-Porzellanplastiken, sind u. a. die annähernd lebensgroße Figur des Apostels Petrus und ein Fischreiher zu sehen, den der Künstler nach seinen Aufzeichnungen so gestaltete, »wie er im Königl. Schlosshofe zu Dresden am Leben befindlich war«. In den Vitrinen der *Langgalerie* wird ein Überblick über die Produktion der Meissener Manufaktur von 1720 bis zum Ende des 18. Jh. gegeben. Ausgestellt sind auch jene 1 m hohen Deckelvasen mit blauer Unterglasurmalerei, die als ›*Dragonervasen*‹ in die Kunstgeschichte eingegangen sind. Sie gehörten zu den 151 Porzellanstücken, die August der Starke im Jahr 1717 von Preußenkönig Friedrich Wilhelm I. erworben hatte – bezahlt wurde mit Menschen, mit 600 sächsischen Dragonern.

Die Farbe Blau – Porzellan sammelte August der Starke seit 1710, die monumentalen Dragonervasen erwarb er 1717 vom preußischen König im Tausch gegen Soldaten

8 Mathematisch-Physikalischer Salon

Als wertvollste Sammlung ihrer Art gilt das aus der Kurfürstlichen Raritätenkammer hervorgegangene Museum der Instrumentenkunst.

Staatl. Kunstsammlungen Dresden
Nordwestpavillon des Zwingers
Tel. 03 51/4 91 46 19
www.skd-dresden.de
Di–So 10–18 Uhr
Tram 1, 2, 4, 6, 8, 9, 11, 12 und
Bus 82, 94 bis Postplatz

Viele wissenschaftliche Instrumente des Museums besitzen Seltenheitswert, nicht wenige von ihnen stammen aus der bereits 1560 gegründeten *Kurfürstlichen Kunst- und Raritätenkammer*. Neben den technischen Eigenschaften ist die hervorragende kunsthandwerkliche Ausfüh-

Reise zu den Sternen – Jenaer Himmelsglobus (1690) im Mathematisch-Physikalischen Salon

rung der Geräte beachtenswert. Bereits 1730 wurde das Museum in jenem Pavillon (1714–16) des Zwingers untergebracht, der dem berühmten Wallpavillon zeitlich vorausging. Ihren Namen erhielt die Sammlung im Jahr 1746.

Weltruf besitzt die **Uhrensammlung**, die einen Überblick über 500 Jahre Zeitmessung gibt. Zu ihren Raritäten zählt eine russische *Holztaschenuhr* (um 1850), bei der mit Ausnahme der Aufzugsfeder und Unruh alle Teile wie Zahnräder, Zeiger und Verschraubungen aus Birkenwurzelholz geschnitzt sind.

Die Sammlung von **Erd- und Himmelsgloben** (13.–19. Jh.) ist die größte in Deutschland. Als Glanzstück persisch-arabischer Instrumentenkunst gilt der 1279 in Damaskus geschaffene Himmelsglobus, der aus der Sternwarte Merágha stammt.

Wegen ihrer Geschlossenheit besitzen auch folgende Sammlungen internationale Bedeutung: geodätische Instrumente für Längen- und Winkelmessungen, artilleristische Instrumente, Thermometer und Barometer, Zeichenhilfsmittel, Längenmaße, Waagen und Wägestücke, astronomische Instrumente, Rechenhilfsmittel und Brillen.

9 Sächsischer Landtag

Einst SED-Kommandozentrale, heute Arbeitsstätte frei gewählter Parlamentarier.

Holländische Straße/Devrientstraße
Tram 11 bis Am Zwingerteich

Im Jahr 1990 wurde nach rund vier Jahrzehnten wieder ein Parlament für Sachsen gewählt. Doch die Parlamentarier wussten nicht so recht, wo sie sich versammeln sollten. Die Sitzungssäle im einstigen Landtagsgebäude, dem *Neuen Ständehaus* [Nr. 19] am Schlossplatz, waren während des Zweiten Weltkriegs zerstört worden, und die *Dreikönigskirche* [Nr. 43] war als Parlamentssitz nur vorübergehend geeignet. Also genehmigte man Geld, um die ehem. SED-Bezirksleitung durch einen schmucken Anbau mit Plenarsaal zu erweitern. Das Landtagsgebäude liegt außerhalb der Inneren Altstadt, ist aber vom Theaterplatz aus in wenigen Minuten erreichbar.

In dem niedrig gehaltenen Gebäudekomplex mit einem 36 m hohen **Turmhaus** (1928–31) als Haupteingang saßen einst das Landesfinanzamt (Vorläufer der Oberfinanzdirektion) und die Zollverwaltung. Von 1953 bis 1990 residierte hier neben der SED Bezirks- auch die Stadtleitung Dresden. Mehr als zwei Jahrzehnte hatte in dem Gebäude der noch zur Zeit der Wende amtierende DDR-Ministerpräsident Hans Modrow als 1. SED-Bezirkssekretär sein Büro.

Plenarsaal mit Aussicht – Elbbau des Sächsischen Landtags (1991–94)

Das Gebäude im Stil der *Neuen Sachlichkeit* nach Entwürfen der Architekten Barthold und Tiede erbaut, steht auf Stahlbetonpfählen und über einer wasserdichten Stahlbetonwanne als Kellergeschoss. Anstelle des kriegszerstörten Elbflügels erhielt der Gebäudekomplex einen sich zum Fluss hin öffnenden, lichtdurchfluteten **Neubau** (1991–94) mit dem runden *Plenarsaal* als architektonischem Höhepunkt. Der Baugrund in unmittelbarer Elbnähe machte eine aufwendige Pfahlgründung erforderlich: 176 Bohrpfähle, die stärksten mit einem Durchmesser von 1,20 m tragen das Gebäude. Den Ausschreibungs-Wettbewerb um den Plenarsaal hatte der Dresdner Architekt Peter Kulka gewonnen.

Hinter dem Landtag steht der **Erlweinspeicher** (1913), wie das monumentale 40 m hohe und 70 m lange Bauwerk nach seinem Erbauer, Stadtbaurat Hans Erlwein, heißt. Er wird zum komfortablen *Maritim Hotel* (Eröffnung Mitte 2006, Tel. 03 51/21 60, www.maritim.de) umgebaut. Gleich nebenan wurde 2004 das **Internationale Congress Center Dresden** (Ostra-Ufer 2, www.dresden-congress.de) eröffnet ein eleganter Bau nach Entwürfen des Hannoveraner Architekturbüros Storch, Ehlers & Partner.

Die **Marienbrücke** (1847–52), Dresdens zweitältester Elbübergang (nach der Augustusbrücke, Nr. 15), ist eine Sandsteinkonstruktion mit Geländern aus Eisenkunstguss. Den Entwurf lieferte Johann Gottlieb Lohse. Als 1901 der Neustädter Bahnhof in Betrieb ging, wurde unmittelbar neben der Marienbrücke, über die bis dahin auch Züge gefahren waren, eine separate Eisenbahnbrücke nach Plänen von Hans Manfred Krüger gebaut.

10 Schauspielhaus

Das repräsentative Bauwerk war einst Europas modernste Sprechbühne.

Ostra-Allee 27
Tram 1, 2, 4, 6, 8, 9, 11, 12, 47 und Bus 82, 94 bis Postplatz

Mit Beethovens ›Fidelio‹ wurde das Schauspielhaus nach Beseitigung der Kriegsschäden am 22. September 1948 wieder eröffnet. Fast vier Jahrzehnte – bis zur Fertigstellung der Semperoper – mussten sich Staatsoper und Staatsschauspiel die Spielstätte teilen. Um es von den zahlreichen kleinen Theatern

Schöne Durchblicke ergeben sich vom Innern des Kronentores am Zwinger auf das Schauspielhaus am Postplatz (1913)

der Stadt zu unterscheiden, wurde es einst *Großes Haus* genannt.

Bei der Einweihung 1913 war das repräsentative Gebäude Europas **modernste Sprechbühne**. Die Lage des Bauplatzes, in unmittelbarer Nachbarschaft zum Zwinger und Postplatz, war denkbar ungünstig. Die Architekten *William Lossow* und *Max Hans Kühne* hatten nur einen kleine Fläche zur Verfügung und mussten daher in die Höhe bauen. Um die architektonische Wirkung des Zwingers nicht zu beeinträchtigen, wählten sie neobarocke Stilelemente und verbanden diese mit Jugendstilformen. Die Bühne mit ihrer modernen Technik überstand die Bombenangriffe von 1945, der **Zuschauerraum** jedoch brannte völlig aus. Er wurde bis 1948 in vereinfachten Formen wieder aufgebaut. Seit 1995 erstrahlt er jedoch wieder in seiner ganzen festlichen Schönheit.

Der **Postplatz** war nach 1900 einer der verkehrsreichsten Plätze Dresdens, 1945 wurden alle angrenzenden Gebäude zerstört. Die Neugestaltung lässt immer noch auf sich warten. An der Herta-Lindner-Straße, die von der Ostra-Allee abgeht, steht Dresdens älteste Wasserfontäne, der schon 1461 erwähnte **Queckbrunnen**. Im Mittelalter, so wird erzählt, sollen kinderlose Frauen sein Wasser getrunken haben, um fruchtbar zu werden. Tatsächlich steht auf dem Brunnendach ein vermutlich 1735 angebrachter Storch mit Wickelkind im Schnabel. Dem Brunnen gegenüber, an der Ecke zur Theaterstraße, erstreckt sich das **Stadthaus** (1922/23) von Ludwig Wirth, dessen klare Gliederung dem sachlichen Stil des Bauhauses entspricht. Es war das einzige größere Bauprojekt, das in Dresden während der Inflationsjahre entstand.

11 Taschenbergpalais

Nobelherberge im einstigen Domizil der legendären Reichsgräfin von Cosel.

Am Taschenberg
Tram 1, 2, 4, 6, 8, 9, 11, 12, 47 und Bus 82, 94 bis Postplatz

So schön wie gegenwärtig war das Taschenbergpalais wohl noch nie. Manches, was **Matthäus Daniel Pöppelmann** einst vorgesehen hatte, so das hohe Mansarddach, war aus Geldmangel zunächst nicht verwirklicht worden. Fast fünf Jahrzehnte nach der Kriegszerstörung – bei der Wiederherstellung als *Hotel* – holte man die Pläne des genialen Baumeisters hervor und setzte sie in die Realität um. Anfang 1995 logierten die ersten Gäste in Dresdens neuer Nobelherberge. Sie ist gleich neben Zwinger und Residenzschloss gelegen. Eine schickere Adresse für sein Hotel konnte sich das Unternehmen **Kempinski** [s. S. 134] wahrlich nicht auswählen.

Geschichte Um 1705 erteilte August der Starke den Befehl, für seine Mätresse, die **Reichsgräfin von Cosel**, ein Palais zu errichten. Weit wollte es der Kurfürst vom Schloss zu seiner Geliebten nicht haben und so entstand das barocke Schmuckstück nur wenige Schritte von seinem Domizil entfernt. Wegen der ›orientalischen‹ Einrichtung hieß das Palais zur Zeit der Cosel *Türkisches Haus*. Der Westflügel (1756) und der Ostflügel (1763) kamen während jener Jahre hinzu, die der jeweilige Kurprinz mit seiner Familie hier verbrachte. Die Bombennacht im Februar 1945 ließ von dem Palais nur einige Mauern stehen, der Wiederaufbau als Hotel war schon zu DDR-Zeiten geplant.

Besichtigung Der reich verzierte **Mittelbau** war das erste große Werk von Pöppelmann. Originalgetreu wieder hergestellt wurde nicht nur die barocke Fassade, sondern auch manches im **Inneren**, so z. B. die historische Säulenhalle und das Barocktreppenhaus mit der doppel-

Kurfürstliches Wohnen kann im wieder errichteten Taschenbergpalais geprobt werden, das August der Starke 1705 für Reichsgräfin von Cosel errichten ließ. Seit 1995 ist es Luxushotel

Fröhliches Spiel der Ornamente – im Großen Schlosshof wurde die Renaissancefassade mit Sgraffito-Malerei (1557) rekonstruiert

läufigen Treppe sowie der große *Innenhof* mit den Statuen des Mars und der Minerva am Rückgebäude. Die einstige *Hauskapelle* wurde ebenfalls modern wieder hergestellt, in ihr werden heute Kunstausstellungen gezeigt.

Man betritt das Palais, dessen Rekonstruktion und Einrichtung zum Hotel rund 100 Mio. Euro kostete, über den westlichen **Ehrenhof**. Die beiden Eckbrunnen von Gottfried Knöffler stellen hier eine Kostbarkeit dar. Wer sich wie einst der Kronprinz betten möchte: Die nach ihm benannte 340 m² große *Suite* bietet den größten Luxus, der Preis pro Nacht beträgt etwa 2000 Euro! Der Name des Palais geht auf den Taschenberg zurück, eine frühere kleine Erhöhung am linken Elbufer.

Vor dem Westflügel steht der neogotische **Cholerabrunnen** (1843–46), aus dessen achteckigem Becken sich – wie ein gotisches Sakramentshäuschen verziert – ein 18 m hoher Turm erhebt. *Freiherr Eugen von Gutschmid* stiftete den Brunnen aus Dankbarkeit dafür, dass Dresden von der um 1840 in Europa grassierenden Cholera verschont geblieben war. Sein Wunsch war es, dass die Anlage dem Nürnberger ›Schönen Brunnen‹ nachgebildet werden sollte. **Gottfried Semper** entsprach den Vorstellungen des Stifters. Der Brunnen kam 1927 vom Postplatz an seinen jetzigen Standort.

Verschwunden jedoch ist die 1945 teilzerstörte gotische **Sophienkirche**, die alte Protestantische Hofkirche. Die Ruinen des kunsthistorisch bedeutenden Bauwerkes wurden 1962/63 abgetragen.

12 Residenzschloss

TOP TIPP

Als Sitz der Wettiner war die Residenz das prachtvolle Monument sächsischer Geschichte und Kultur. Der Wiederaufbau der Anlage ist in vollem Gang.

Tram 4, 8, 9 bis Theaterplatz und 1, 2, 4 bis Altmarkt

Namhafte Baumeister haben in sieben Jahrhunderten aus einer Burg das prachtvolle Residenzschloss gestaltet, dessen Gebäude sich um drei Höfe gruppieren. Mit seiner *Baugeschichte* vom 12. bis zum Ende des 19. Jh. ist es das historisch vielfältigste und reichste Baudenkmal Sach-

Das Georgentor des Schlosses mit den Prunkgemächern Augusts des Starken

sens. Mehr als jedes andere macht es die Vergangenheit erlebbar. Fast 40 Jahre lang beherrschte die graue **Ruine** des 1945 ausgebrannten Schlosses die Innenstadt, zur 800-Jahr-Feier Dresdens im Jahr 2006 soll das Residenzschloss äußerlich wieder im alten Glanz erstrahlen.

Geschichte Mit dem Umbau der spätmittelalterlichen **Burg** (1548–56) wurde diese zu einer Vierflügelanlage mit *Treppentürmen* in den Hofecken erweitert. Kurz zuvor, in den Jahren 1530 bis 1535, war das Georgentor (auch Georgenbau) als erstes Renaissancegebäude Dresdens errichtet worden. 1717 befahl August der Starke die Wiederherstellung der 1701 durch Brand zerstörten Teile des Schlosses in vereinfachter Form. Anlässlich der *800-Jahr-Feier* des Hauses Wettin erhielt das Bauwerk bei der durchgreifenden Erneuerung 1889–1901 sein Neorenaissance-Aussehen. Der Südflügel wurde damals angefügt. Der Feuersturm am 13./14. Februar 1945 vernichtete auch das Residenzschloss. 1986 begann der *Wiederaufbau*, nachdem bereits in den Jahrzehnten zuvor Sicherungsarbeiten erfolgt waren. Das Georgentor war bereits 1963–66 rekonstruiert worden.

Besichtigung Das Residenzschloss wird mit den für die verschiedenen Bauphasen jeweils typischen Grundrissen und Fassadengestaltungen wieder hergestellt. Es wird folglich im Jahr 2006 anders aussehen als vor seiner Zerstörung 1945. Beispielsweise werden die Fassaden und Giebel im Großen Schlosshof im Zustand von 1557 rekonstruiert, die Straßenfassaden dagegen vom Erscheinungsbild des Umbaus 1889–1901 geprägt sein. Ein markanter, bereits fertig gestellter Bauteil ist der 101 m hohe **Hausmannsturm**, der 1674–76 von *Wolf Caspar von Klengel* errichtet worden war. Seine 30 m hohe und 21 t schwere Spitze mit einer Wetterfahne von 6 m Höhe setzte man im Oktober 1991 auf.

Das **Georgentor** bekam sein in den 1960er-Jahren rekonstruiertes Aussehen während der umfassenden Schlosserneuerung Ende des 19. Jh. Die Entwürfe lieferten Gustav Dunger und Gustav Fröhlich. Der reiche plastische Schmuck stammt zum größten Teil von Christian Behrens, der auch das 4 m große *Reiterstandbild Herzog Georgs des Bärtigen* im oberen Teil der Fassade schuf. Im ersten Stock des Georgentors befanden sich seit dem 16. Jh. die fürstlichen Gemächer, hier wohnte bis zum Jahr 1918 auch der letzte sächsische König Friedrich August III.

Ebenfalls originalgetreu rekonstruiert werden die wichtigsten Räume der Residenz selbst, so z. B. die **Schlosskapelle**, welche als Kammermusiksaal dienen wird, und der **Große Ballsaal** in der Fassung von 1855.

Das Schloss ist neues Zentrum der *Staatlichen Kunstsammlungen Dresden* sein. Als erste Einrichtung hat im Frühjahr 2004 das **Kupferstichkabinett** (Staatl. Kunstsammlungen Dresden, Tel. 03 51/ 4 91 46 19, www.skd-dresden.de, Di–So 10–18 Uhr) hier seine Ausstellung eröffnet. Mit etwa 500 000 Blättern, darunter Werke von Holbein, Rembrandt, C. D. Friedrich, Otto Dix und Arnulf Rainer, gehört es zu den größten graphischen

Sammlungen der Welt. Im Herbst 2004 kam der erste Teil des **Grünen Gewölbes** [Nr. 13] hinzu. Europas größte Schatzkammer kehrte damit nach mehr als sechs Jahrzehnten an ihren angestammten Platz zurück.

13 Grünes Gewölbe

TOP TIPP *Spitzenleistungen des Kunsthandwerks von unschätzbarem Wert in Europas größter, reichster und ältester Schatzkammer.*

Staatl. Kunstsammlungen Dresden
Residenzschloss
Tel. 03 51/4 91 46 19
www.skddresden.de
Di–So 10–18 Uhr
Tram 4, 8, 9 bis Theaterplatz und 1, 2, 4 bis Altmarkt

Überall glitzert und funkelt es, der Materialwert der Kunstwerke in der einstigen Schatzkammer der Wettiner ist unermesslich. Zu sehen sind einzigartige Arbeiten der Goldschmiede-, Juwelier- und Emallierkunst sowie Arbeiten aus Elfenbein, Bernstein, Koralle und anderen wertvollen Materialien.

Geschichte Die seit 1572 belegte Bezeichnung *Grünes Gewölbe* geht auf den teilweise grün gestrichenen und gewölbten Tresorraum im Erdgeschoss des Residenzschlosses zurück, der hinter meterdicken Mauern den Schatz der Wettiner barg. 1723–29 gestaltete August der Starke die Schatzkammer zu einem Museum um, die Bestände kamen aus der Kunstkammer, den fürstlichen Privatgemächern, wurden angekauft oder von Hofkünstlern eigens geschaffen. Nach dem Tod Augusts des Starken gab es kaum Erweiterungen. Von 1727 bis 1942 blieb auch die barocke Anlage des Schatzkammer-Museums nahezu unverändert und die historische Sammlungsstruktur ist bis heute erhalten. Nach dem Zweiten Weltkrieg eigneten sich die Sowjets die Schätze des Grünen Gewölbes als Kriegsbeute an, nach der Rückkehr waren die schönsten Stücke im Albertinum zu sehen. Als **Neues Grünes Gewölbe** kehrte der erste Teil der Schatzkammer im September 2004 wieder ins Residenzschloss zurück. Im ersten Obergeschoss des Westflügels werden 1068 Kunstwerke präsentiert, im Jahr 2006 wird dann der zweite Teil der Sammlung mit knapp 3000 Exponaten in die historischen Gewölberäume ins Erdgeschoss ziehen.

Besichtigung Beeindruckend ist das Können der Kunsthandwerker, die Besten ihres Fachs sind mit Goldschmiede-, El-

Märchenwelt – Johann Melchior Dinglinger schuf diesen ›Hofstaat zu Delhi am Geburtstag des Großmoguls Aureng-Zeb‹ (1701–08), ein Schmuckwerk mit Tausenden von Edelsteinen

fenbein-, Bernstein- und Steinschnittarbeiten vertreten. Zu den beeindruckenden Arbeiten zählt der *Große Schmuckkasten* der Kurfürstin Sophie. Das prachtvolle Stück erhielt sie Weihnachten 1588 von ihrem Gemahl Christian I. Zu den interessanten Exponaten zählt die goldene *Trinkschale* (nach 1563) aus dem Besitz Zar Iwans des Schrecklichen, die Zar Peter der Große August dem Starken schenkte. Ebenso berühmt ist der große *Kabinettschrank*, der zu den kostbarsten Bernsteinarbeiten des Barock gehört und 1728 als Geschenk des Preußenkönigs Friedrich Wilhelm I. nach Dresden kam. Beachtung verdient auch der *Kirschkern* mit seinen angeblich 180 eingeschnittenen Köpfen – wenngleich man nur maximal 80 Köpfe hat ausmachen können. Kurfürst Christian I. erhielt den Kern, ein unter der Lupe entstandenes Wunderwerk der Schnitzkunst, 1589 als Anhänger geschenkt. Die spektakulärste Arbeit aber ist der Tischaufsatz mit dem TOP TIPP **›Hofstaat zu Delhi am Geburtstag des Großmoguls Aureng-Zeb‹**. Gefertigt hat dieses faszinierende Werk *Johann Melchior Dinglinger*, der Hofgoldschmied Augusts des Starken. Er gestaltete mit den 137 aus Gold gegossenen und farbig emaillierten Figuren einen Festaufzug, der zeigt, wie es am Hofe des Großmoguls von Indien Ende des 17. Jh. zuging. Sieben Jahre hat der Meister mit seinen Brüdern Georg Friedrich (Emailleur) und Georg Christoph (Juwelier) sowie 14 Gehilfen an dem Tischaufsatz gearbeitet – und das ganz ohne Auftrag, aus reiner Freude am Gestalten. Was sie schufen, gilt heute als Hauptwerk der europäischen Juwelierkunst des Barock. Über 5000 Diamanten, Smaragde, Rubine und Perlen wurden verarbeitet. August dem Starken gefiel das 58 x 142 x 114 cm große Kunstwerk. Er erwarb es am 28. März 1709 zu Repräsentationszwecken für 58 485 Taler, das waren 8000 Taler mehr, als ihn der Rohbau seines Schlosses Moritzburg [Nr. 92] gekostet hatte. Als es ans Bezahlen ging, hatte der Monarch allerdings – wie so oft – Schwierigkeiten. Er einigte sich mit seinem Hofjuwelier, den Betrag in Raten abzuzahlen; den Rest mussten die Erben des 1731 verstorbenen Dinglinger eintreiben.

Zum Kronschatz gehören auch mehrere weltberühmte Steine, so z. B. der *Dresdner Grüne Diamant* von 41 Karat. Als der einzige Diamant dieser Farbe ist er geradezu ein Mineralienwunder. Seltenheitswert seiner Größe wegen besitzt der *Sächsische Weiße* von 48 Karat. Auch einer der größten *Saphire*, die jemals gefunden wurden, gehört zum Kronschatz: Er wiegt 648 Karat, wurde niemals gefasst, sondern nur leicht überschliffen und war als Geschenk von Zar Peter dem Großen an den Dresdner Hof gekommen.

Kathedrale St. Trinitatis

1 Haupteingang
2 Seitenpforte
3 Prozessions-Umgang
4 Logen
5 Hauptaltar
6 Seitenaltäre
7 Sakramentskapelle
8 Kreuzkapelle
9 Kanzel
10 Silbermannorgel
11 Johann-Nepomuk Kapelle
12 Bennokapelle

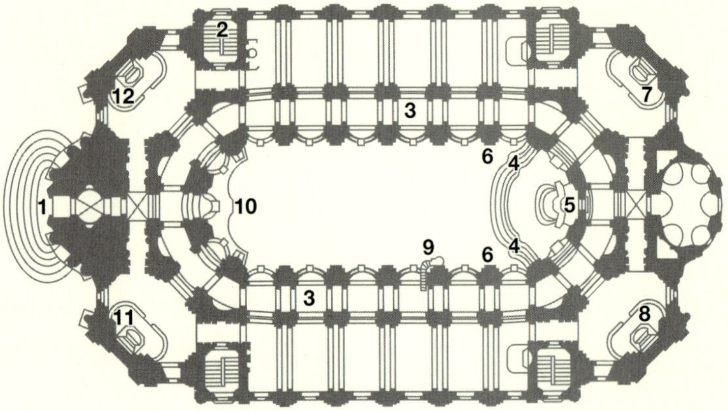

14 Kathedrale St. Trinitatis
ehem. Katholische Hofkirche

TOP TIPP *Sachsens größte Kirche gilt als letzte große Leistung des römischen Barock.*

Zwischen Theater- und Schlossplatz
Tel. 03 51/4 84 47 12
www.kathedrale-dresden.de
Mo–Do 9–17, Fr 13–17, Sa 10.30–16, So 12–16 Uhr
Tram 4, 8, 9 bis Theaterplatz

Der Tribut Augusts des Starken für die polnische Königskrone war hoch – nicht nur in finanzieller Hinsicht. Er forderte auch den Übertritt des Herrschers zum Katholizismus. August hatte den Glaubenswechsel 1697 allein vollzogen, Kurfürstin Christiane Eberhardine, die für den Kurfürsten nur eine Repräsentationsrolle spielte und meist auf ihrem Schloss in Pretzsch wohnte, weigerte sich hartnäckig zu konvertieren. Der Kurprinz schließlich wechselte 1712 – zunächst unter strenger Geheimhaltung – den Glauben. Der Bau einer repräsentativen Katholischen Hofkirche konnte nicht länger aufgeschoben werden. Zum Baumeister ernannte *Kurfürst Friedrich August II.*, der Sohn Augusts des Starken – als König von Polen hieß er August III. –, den römischen Architekten **Gaetano Chiaveri**, den er in Warschau kennen gelernt hatte. Chiaveri und seine beiden Bauführer sprachen kein Wort Deutsch und wollten es auch nicht lernen, sodass der Hof auch einen Dolmetscher bezahlen musste. Der Kurfürst-König wollte mit der Hofkirche ein Bauwerk schaffen, das »die Nachkommenschaft anstaunen sollte«. Und es ist ihm in der Tat gelungen. Besonders von der Augustusbrücke aus kann man die großartige Wirkung der Kirche genießen, die zu den repräsentativsten Bauwerken der Elbstadt gehört.

Geschichte Im Jahr 1739 wurde der Grundstein für das Gotteshaus gelegt. Als Chiaveri 1748 Dresden verließ, führte Sebastian Wetzel, dann Johann Christoph Knöffel und nach dessen Tod Julius Heinrich Schwarze den Bau weiter. 1754 war

Oben: *Die Dresdner Kathedrale St. Trintatis mag in ihrer Feingliedrigkeit an eines der Schmuckkästchen im Grünen Gewölbe erinnern* ▷
Unten: *Nicht weniger begeistern edle Schönheit und göttlicher Klang der Silbermannorgel*

Eine der ältesten Steinbrücken Europas, die 1287 erstmals errichtete Augustusbrücke, verbindet die gastlichen Elbauen mit dem altmeisterlich schönen Dresdner Stadtbild ▷

die Kirche fertig gestellt. Ihr Bau kostete das Dreifache der *Frauenkirche* [Nr. 27], dem 1743 vollendeten Meisterwerk protestantischer Baukunst. 1945 brannte die Hofkirche völlig aus, Gewölbe stürzten ein, die Außenmauern waren teilweise stark beschädigt. 1980 erhob ein päpstliches Dekret die einstige Katholische Hofkirche zur **Kathedrale** des Bistums Dresden-Meißen. Die Bezeichnung Kathedrale hat sich nicht durchsetzen können – die Dresdner nennen sie immer noch *Hofkirche*.

Besichtigung Der monumentale Sakralbau aus Sandstein, bei dem Chiaveri alle Register seines Könnens zog, ist mit 4793 m^2 Grundfläche Sachsens größte Kirche und die letzte große Leistung des Barock römischer Prägung. Der annähernd 90 m hohe **Glockenturm** über dem Haupteingang gehört zu den elegantesten Wahrzeichen im Stadtbild Dresdens. Die spätbarock beruhigte **Fassade** des Langhauses wird belebt durch die 78 aus Sandstein geschlagenen, 3,50 m hohen Heiligenfiguren (1738–46) in den Wandnischen und auf den Balustraden. Sie sind das Werk Lorenzo Mattiellis.

Da der **Haupteingang [1]** geschlossen ist, gelangt man durch die **Seitenpforte [2]** ins Innere der Kathedrale. Die dreischiffige Basilika hat eine ungewöhnliche Raumaufteilung: Um das Mittelschiff hat Chiaveri einen 3,50 m breiten **Prozessions-Umgang [3]** gelegt, weil im evangelischen Dresden katholische Prozessionen nicht im Freien stattfinden konnten. Die **Logen [4]** beiderseits des Hauptaltars waren der königlichen Familie vorbehalten, zu erreichen waren sie vom Schloss durch einen brückenartigen neobarocken Verbindungsgang (1897). Die eher zurückhaltend ausgestattete Hofkirche birgt gleichwohl einige bedeutende Werke, so der **Hauptaltar [5]** mit dem über 9,30 m hohen und 4,20 m breiten Gemälde ›Christi Himmelfahrt‹ (1752–65), das *Anton Raphael Mengs* in Rom begonnen hatte und in Madrid vollendete. Den gewaltigen Rahmen fertigte Johann Joseph Deibel. Das 4,20 m hohe und fünf Zentner schwere Kruzifix (1756) und die sechs über 2 m hohen Silberleuchter (1752) auf dem Altar stammen vom Augsburger Joseph Ignaz Bauer; sie wurden aus den 1945 ausgeglühten Resten der Originale rekonstruiert. Die **Seitenaltäre [6]** (1750) stammen ebenfalls von Mengs. Zwischen Chor und rückwärtiger Sakristei liegt links die **Sakramentskapelle [7]** mit Balthasar Permosers Statue ›Christus an der Geißelsäule‹ (1718). Rechts öffnet sich die **Kreuzkapelle [8]** mit dem Altarblatt ›Kreuzigung Christi‹ (1753) von Charles Hutin. Im Mittelschiff zieht *Balthasar Permosers* prachtvolle holzgeschnitzte **Kanzel [9]** (1712–22) die Blicke auf sich. Zu den besonderen Kostbarkeiten gehört die **Silbermannorgel [10]** (1753), das letzte und schönste Werk des berühmtesten sächsischen Orgelbauers *Gottfried Johann Silbermann*. Unter der Orgel halten Permosers Figuren der hll. Ambrosius und Augustinus Wache. Die **Johann-Nepomuk-Kapelle [11]** dient als Gedächtniskapelle für die Opfer des 13./14. Februar 1945. Die

monumentale abstrakte ›Pietà‹ (1973) aus Meissener Porzellan gestaltete der Dresdner Friedrich Preß. Auf der anderen Seite des Haupteingangs liegt die **Bennokapelle [12]**, von deren ursprünglicher Ausstattung nur noch das Altarbild ›Predigt des hl. Benno‹ von Stefano Torelli (1752) erhalten ist. Verloren sind hingegen die Deckengemälde (1770) des großen Barockmalers Franz Anton Maulbertsch.

In der unter dem Chor gelegenen **Gruft** mit ihren über 5 m starken Mauern ruhen in 49 Sarkophagen die katholischen Kurfürsten und Könige aus dem Hause Wettin und ihre Angehörigen. Von *August dem Starken* wird hier nur das Herz aufbewahrt, sein Leib ist im Dom zu Krakau, in der Grablege der polnischen Könige, beigesetzt. Besonders prunkvoll ist der gewaltige Sarkophag des 1873 verstorbenen König Johann. Als letzter Wettiner wurde 1943 hier Kronprinz Georg von Sachsen beigesetzt.

Auf dem **Schlossplatz** vor dem Haupteingang der Kathedrale (in Richtung Schloss) trägt ein Pflasterstein den eingelassenen Buchstaben ›N‹. Er markiert angeblich jene Stelle, an der Kaiser Napoleon am 26. August 1813 den Vorbeimarsch seiner Truppen zur Schlacht bei Dresden abnahm.

15 Augustusbrücke

Dresdens berühmteste Brücke verbindet Alt- und Neustadt.

Tram 4, 8, 9 bis Theaterplatz oder Neustädter Markt

Der Chronist Iccander schrieb 1719 über die ›sieben Wunderwerke Dresdens‹ und eines von ihnen war seiner Meinung nach »die in ganz Europa jetzt berühmteste Elbbrücke«, womit er die Augustusbrücke meinte. Flussübergänge aus Stein waren im Europa des 18. Jh. noch eher eine Seltenheit und die Augustusbrücke kann sich rühmen, eine der *ältesten Steinbrücken* nördlich der Alpen zu sein – rein theoretisch. Für das Jahr 1287 ist zwar erstmals an dieser Stelle eine Steinbrücke über die Elbe bezeugt, doch worüber Dresdner und Besucher heute spazieren, das ist bereits der zweite Nachfolgebau.

Die mittelalterliche Brücke mit ihren 25 Pfeilern ließ August der Starke von Johann Gottfried Fehre 1727–31 nach Plänen von Matthäus Daniel Pöppelmann umbauen. Es entstand ein aus 17 Bogen und 18 Pfeilern bestehendes 402 m langes imposantes Bauwerk. Die Brücke, die das weltberühmte barocke Dresdner Stadtbild wesentlich mitbestimmte, wurde zu Beginn des 20.Jh. dem stark zunehmenden Schiffsverkehr zum Hindernis: Die Bogenöffnungen waren zu eng und häufig stießen bei hohem Wasserstand Schiffe gegen die Pfeiler. Und so errichteten Wilhelm Kreis und Hermann Klette 1907–10 eine Variante des Vorgängerbaus, die den modernen Erfordernissen entsprach.

Das neue Bauwerk ist 355 m lang und 17 m breit. Es entstand in *Stahlbetonbauweise* mit neun sandsteinverkleideten Bogen, deren weitest gespannter 39,30 m misst. Die halbkreisförmigen Nischen mit Sitzbänken stammen vom Vorgängerbau. Eines hat die heutige Brücke, die zu DDR-Zeiten den Namen des bulgarischen Kommunistenführers Georgi Dimitroff trug, mit ihren beiden Vorgängern gemein: den herrlichen Blick, der sich – je nach Standort – auf die Altstadt im Süden oder die Neustadt im Norden bietet.

Am Landpfeiler der Altstadt elbabwärts ist eine kleine Nachbildung (um 1820) des **Brückenmännchens** angebracht, das den sagenhaften Erbauer der ersten Brücke darstellt. Das Original stammt von Gottlob Christian Kühn (1780–1828). Es wurde im napoleonischen Befreiungskrieg 1813 zerstört. – Der erste Wasserpfeiler auf Altstädter Seite trägt den amtlichen Elbpegel.

16 Raddampferflotte

Die älteste und größte Raddampferflotte der Welt vermittelt das Fahrgefühl einer vergangenen Epoche.

Terrassenufer
Tram 4, 8 , 9 bis Theaterplatz und 3, 7 bis Synagoge

Acht nostalgische Personen-Raddampfer legen am Terrassenufer unterhalb der Brühlschen Terrasse an und ab. Wie zur Zeit um 1900 reisen die Fahrgäste so elbaufwärts in die Sächsische Schweiz [Nr. 100] oder elbabwärts entlang der Sächsischen Weinstraße. Die Schiffe mit den roten Schaufelrädern im wappenverzierten Radkasten, den originalgetreuen Ruderhäusern und Schiffsglocken sind aus dem Stadtbild Dresdens auch heute nicht wegzudenken.

1836 bekamen zwölf Dresdner Kaufleute »das Privileg zur Dampfschifffahrt für fünf Jahre auf der Elbe im Königreich Sachsen«. Ein Jahr später fanden die ersten öffentlichen Fahrten von Dresden nach Rathen mit dem Personenraddampfer ›Königin Maria‹ statt. 1910 erhielten die Schiffe der Sächsisch-Böhmischen Dampfschifffahrts-Gesellschaft das Ufer unterhalb der Brühlschen Terrasse als ständigen Liegeplatz. Im Jahr 1911 besaß die Gesellschaft 33 Dampfschiffe und beschäftigte 535 Mitarbeiter. Nach der Übernahme durch die Treuhand ließ der neue Eigner die Raddampfer 1993/94 stilecht restaurieren.

In den Sommermonaten sind die Schiffe der Dresdner Flotte – darunter die acht Seitenraddampfer – oft erst in den späten Abendstunden am Terrassenufer vereint. Ein besonderes Bonbon für Nostalgie- Fans bietet der u. a. im Charterverkehr eingesetzte Museumsdampfer ›Diesbar‹. Der 1884 unter dem Namen ›Pillnitz‹ in Dienst gestellte Dampfer fuhr bis 945 im Stadtzentrum als Fährschiff. Die 170 Passagiere fassende ›Diesbar‹ besitzt noch Kohlefeuerung und die älteste in Funktion befindliche Schiffs-Dampfmaschine, die durch eine Glasscheibe betrachtet werden kann. Ältestes Schiff der Flotte ist die ›Stadt Wehlen‹, die 1879 auf den Namen ›Dresden III‹ getauft wurde. Es bietet 300 Personen Platz und kommt hauptsächlich auf der ›Stadtrundfahrt zu Wasser‹ zum Einsatz. Der Raddampfer ›Dresden‹ wurde 1926 als vorletzter Dampfer-Neubau der Sächsischen Dampfschifffahrt in Dienst gestellt. Der jüngste Dampfer der Flotte ist der nahezu baugleiche ›Leipzig‹ von 1929. Die beiden kann man bei der Schlösserfahrt nach Pillnitz oder einer schwungvollen Jazz- und Dixielandfahrt kennen lernen.

Die Motorschiffe ›Gräfin Cosel‹ und ›August der Starke‹ von 1994 ersetzten zwei Motorschiffe gleichen Namens, die verschrottet werden mussten. Sie können je 700 Passagiere an Bord nehmen und verkehren auf der Großen Elbtallinie nach Bad Schandau [s. S. 119] und zurück, ferner kommen sie bei der Sommernachtsfahrt mit Tanz und Buffet zum Einsatz [s. S. 133].

Schräge Aussicht – vom Hausmannsturm des Residenzschlosses geht der Blick zwischen Kathedrale und Georgentor hindurch zur Freitreppe der Brühlschen Terrasse am Ufer der Elbe

17 Brühlsche Terrasse

TOP TIPP *Ein Anziehungspunkt von einmaligem Reiz – auch Balkon Europas genannt.*

Altstädter Elbufer
Tram 4, 8, 9 bis Theaterplatz und 3, 7 bis Synagoge

Wer nicht auf der Brühlschen Terrasse mit ihren im Sommer Schatten spendenden Bäumen promenierte, kann kaum behaupten, in Dresden gewesen zu sein. Die rund 500 m lange und bis zu 200 m breite Anlage verbindet Stadtgeschichte mit berühmten Bauwerken, einzigartigem Bildschmuck und ideenreichen Denkmälern zu einem besonderen Erlebnis. Von der Terrasse reicht der Blick über die weiten Flussauen der Elbe zur Neustadt und bis zu den Loschwitzer Höhen.

Geschichte Kurfürst Friedrich August II. schenkte seinem Staatsminister *Heinrich Graf von Brühl* 1740 den östlich der Augustusbrücke gelegenen Teil der *Festungsanlage*, später kam die Jungfernbastei hinzu. Der Graf ließ auf dem Festungsplateau im Laufe von zwei Jahrzehnten ein Bauwerk nach dem anderen errichten und einen Garten anlegen. Die nach ihrem Besitzer benannte Brühlsche Terrasse sah zahlreiche rauschende Feste. Graf von Brühl war seinerzeit – als faktischer Lenker aller Regierungsgeschäfte – nicht nur der einflussreichste, sondern auch einer der wohlhabendsten Männer Sachsens. Das Nachlassverzeichnis bezifferte sein Vermögen (die Schulden in Höhe von 1,3 Mio. Taler abgezogen) auf 1,5 Mio. Taler. Das war damals eine beträchtliche Summe, der Bau der Frauenkirche – als Vergleich hierzu – kostete rund 290 000 Taler.

Lange Zeit war die Terrasse der adeligen Gesellschaft vorbehalten und nur von ihrer Rückseite her zugänglich, 1814 regte der russische Generalgouverneur für Sachsen, Fürst Repnin-Wolkonski, den Bau der großen Freitreppe an, mit der die Brühlsche Terrasse für die Öffentlichkeit freigegeben wurde. Zu seinem heutigen Aussehen als Balkon Europas formte sich das Plateau vor allem Ende des 19. Jh.

Besichtigung Vom Schlossplatz führt die **Freitreppe** (1863–68) zur Brühlschen Terrasse hinauf. 41 Stufen müssen überwunden werden, bis man auf dem Balkon Europas steht. Den Aufgang schmücken die Statuengruppen der **›Vier Tageszeiten‹** (1868–71) von Johannes Schilling – oben links der Morgen, rechts der

Mittag, unten links der Abend, rechts die Nacht. Auf der Wiener Kunstausstellung 1869 erhielt der Akademieprofessor Schilling für sein Werk den ersten Preis. Da die allegorischen Sandsteinskulpturen allmählich verwitterten, wurden sie 1908 mithilfe der vorhandenen Gipsmodelle durch Bronzeabgüsse ersetzt. Die Originale kamen nach Chemnitz, dort schmücken sie noch heute den Park am Schlossteich.

Wo sich der silhouettenprägende Bau des **Neuen Ständehauses** [Nr. 19] erhebt, stand einst das Barockpalais des Grafen von Brühl. Dessen umfangreiche Gemäldesammlung kaufte 1768 Zarin Katharina II. von Russland. Heute können die Bilder in der Eremitage von St. Petersburg bewundert werden. Die 62 000 Bücher des Grafen von Brühl übernahm die Kurfürstliche Bibliothek, die heutige **Sächsische Landesbibliothek** [Nr. 72]. Das große **Brunnenbecken** vor dem Ständehaus, bereits auf einem Kupferstich von 1761 zu sehen, wurde 1989 unter einer Erdüberdeckung wieder hervorgeholt.

Vor der benachbarten **Sekundogenitur** [Nr. 20], die anstelle der Brühlschen Bibliothek errichtet wurde, steht das von Johannes Schilling geschaffene und seinem Lehrmeister und väterlichen Freund gewidmete **Ernst-Rietschel-Denkmal** (1876), das den Dresdnern fast abhanden gekommen wäre. Die Nationalsozialisten hatten die überlebensgroße Bronzebüste des Bildhauers, dem wir das Weimarer Goethe-Schiller-Denkmal verdanken, 1941 demontiert, um sie für Kriegszwecke einzuschmelzen. Glückliche Umstände verhinderten dies und so konnte die Büste 1946 wieder aufgestellt werden. Und zwar an jener Stelle, an der sich einst der Brühlsche Gartenpavillon befand und wo Ernst Rietschel, der Dresdens Bildhauerei wieder zu Bedeutung verhalf, eine Zeit lang seine Werkstatt hatte.

Vor der Treppe, die zwischen Sekundogenitur und **Hochschule für Bildende Künste Dresden** [Nr. 21] zur Münzgasse führt, befindet sich die **Sieben-Bastionen-Plastik** (1990) von Vincenz Wanitsch-

Goldmacher Böttger

Im Jahr 1701 richtete Preußenkönig Friedrich I. ein Auslieferungsersuchen an August den Starken: Man möge den Apothekergehilfen **Johann Friedrich Böttger** (1682–1719), der sich nach Wittenberg davongemacht habe, nach Berlin zurückführen. Böttger hatte mit seinen Experimenten zur **Goldherstellung** die Aufmerksamkeit des Preußenkönigs erregt. August den Starken machte das Gesuch seines preußischen Kollegen hellhörig. Er ließ den Alchimisten gewaltsam nach Dresden bringen und setzte ihn nach einem misslungenen Fluchtversuch auf der **Festung Königstein** fest. Dort wurde Böttger Tag und Nacht beaufsichtigt. Seine Post wurde kontrolliert und die von ihm bewohnten Räume waren nachts verriegelt. Nur zweimal wöchentlich waren ihm in Begleitung zweier Offiziere kurze Spaziergänge auf dem Festungsgelände gestattet.

1701 begann – erneut unter strenger Aufsicht – die systematische Forschungsarbeit in einem Labor der **Jungfernbastei** in Dresden. August der Starke drohte Böttger bei einem Besuch dort: »Tu mir zurecht Böttger, sonst...!« Besessen experimentierte dieser weiter, bis er zusammen mit dem Mathematiker und Physiker Ehrenfried Walther Tschirnhaus (1651–1708) die Formel für ›Gold‹ notieren konnte. Aber nicht für das von August dem Starken erhoffte, sondern für das ›weiße Gold‹, das **Porzellan**.

1710 gab August der Starke in einem königlichen Dekret die große **Entdeckung** der Welt bekannt. 1713 wurde Porzellan aus Meißen, aus der ersten Porzellanmanufaktur Europas, auf der Leipziger Ostermesse verkauft. Erst ein Jahr später erhielt Böttger seine Freiheit zurück. Zuvor musste er jedoch seinem Monarchen schwören, das Produktionsgeheimnis zu wahren und im Land zu bleiben. 1719 starb Böttger im Alter von nur 37 Jahren.

Zu jeder Jahreszeit schön – Blick vom Brühlschen Garten auf die Hochschule für Bildende Künste Dresden und die Brühlsche Terrasse mit dem Turm der Kathedrale im Hintergrund

ke. Sie erinnert an die sieben Bastionen der Stadtbefestigung, die auf Geheiß Augusts des Starken 1721 nach der Sonne und sechs ihrer Planeten benannt wurden. Die Fußbodenplatten tragen originelle Charakterisierungen jener Götter, nach denen die Planeten benannt sind. An der Treppe, die zwischen Hochschule und **Albertinum** [Nr. 22] zum Georg-Treu-Platz führt, steht das **Bronzestandbild Gottfried Sempers** (1892) von Johannes Schilling. Stadtverwaltung und Königshof verweigerten die Finanzierung dieses Denkmals, wurde doch Semper wegen seiner Teilnahme am Maiaufstand im Revolutionsjahr 1849 von der sächsischen Polizei 15 Jahre lang steckbrieflich gesucht. Dass es dennoch entstand, ist einer Stiftung des Verbandes Deutscher Architekten und Ingenieure zu verdanken.

Venus- oder Jungfernbastei hieß der östlichste Teil der Stadtbefestigung, auf dem der *Brühlsche Garten* angelegt wurde. An seiner westlichsten Spitze plätschert der noch aus der Zeit des Grafen Brühl stammende **Delphinbrunnen** (1747–49) von Pierre Coudray. Die zwei **Sphinxfiguren** (um 1750) von Gottfried Knöffler blieben vom Belvedere übrig, das an dieser Stelle bis zu seiner Zerstörung im Zweiten Weltkrieg stand. Als Restaurant und Konzerthaus war es lange Zeit der gesellschaftliche Anziehungspunkt auf dem Balkon Europas. Der Bau eines neuen Belvedere – es wäre das fünfte an diesem Standort – ist geplant. Das **Caspar-David-Friedrich-Denkmal** (1989/90) von Wolf-Eike Kuntsche, eine eigenwillige, 3 m hohe Metallplastik, ist dem bedeutenden Maler der Romantik gewidmet, der von 1798 bis zu seinem Tode 1840 in Dresden lebte und dessen bekannteste Bilder wenige Schritte entfernt in der **Gemäldegalerie Neue Meister** [Nr. 23] betrachtet werden können. Kuntsche zeigt nicht den Maler selbst. Vielmehr hat er in poliertem Edelstahl dessen schlichtes Atelier gestaltet, wie es Georg Friedrich Kersting in seinem Bild von 1819 (Berlin, Alte Nationalgalerie) überliefert hat. Wer den Brühlschen Garten am Eisengeländer entlang umwandert, wird eine seltsame markierte Vertiefung im Metall entdecken: den **Daumenabdruck von August dem Starken**. Der Kurfürst, dem bekanntlich übermenschliche Kräfte nachgesagt wurden, soll zwischen »einem Bilderkauf, zwei Staatsakten und drei Liebesspielen« seine Kräfte an diesem Geländer erprobt haben. Die amüsante Geschichte erweist sich schnell als Legende: Das schlichte Geländer um die Jungfernbastei wurde nicht vor Ende 1747 angebracht – damals war August der Starke schon über zehn Jahre tot.

Die **Böttger-Gedenkstele** von Peter Makolies steht seit dem Jahr 1982, dem 300. Geburtstag von Johann Friedrich Böttger, im Brühlschen Garten. Das Porträtrelief besteht selbstverständlich aus Meissener Porzellan. In den Gewölben unterhalb des Brühlschen Gartens hat Böttger zusammen mit Tschirnhaus die Formel für das europäische Porzellan entwickelt [s. S. 44]. Der Zeitpunkt der Erfindung ist jedoch umstritten, 1707 wird ebenso genannt wie 1709. Unumstritten dagegen ist die Tatsache, dass die Brühlsche Terrasse die Wiege der Meissener und damit auch aller anderen europäischen Porzellan-Manufakturen ist.

An der Nordostecke der Jungfernbastei befindet sich unterhalb des Vorsprungs Dresdens ältestes Denkmal, das **Moritzmonument** (um 1553) von Hans Walther II. 1895 kam es an seinen heutigen Platz. Kurfürst August ließ es für seinen Bruder Moritz errichten, jene schillernde Persönlichkeit, die der albertinischen Linie der Wettiner 1547 zur Kurwürde verholfen hatte und sechs Jahre danach gefallen war. Das Denkmal zeigt unter einem dorischen Säulenbau Kurfürst Moritz, wie er seinem Bruder August das Kurschwert überreicht, beiderseits sind die Gemahlinnen Agnes von Hessen (links im Trauerkleid) und Anna (aus dem dänisch-norwegischen Königshaus) dargestellt. Am Ende der Terrasse, dem Albertinum gegenüber, liegt die **ehem. Hofgärtnerei** (um 1750), die heute der Reformierten Kirche als Alten- und Gemeindehaus dient. In der Nähe befindet sich der Eingang zum **Bärenzwinger**, in dem allerdings nie Bären gehalten wurden. Der Innenraum mit seinem Tonnengewölbe diente militärischen Zwecken, seit 1968 ist es Dresdens bekanntester Studentenklub [s. S. 132].

Die von Gottfried Semper am Ausgang des Brühlschen Gartens errichtete **Synagoge** (1838–40) zerstörten die Nationalsozialisten 1938. An ihrer Stelle wurde am 9. November 2001 eine neue Synagoge in Form eines sich nach oben windenden Würfels geweiht. Das Bauwerk wurde noch im gleichen Jahr von einer internationalen Jury als bester Neubau Europas mit dem ›World Architecture Award‹ ausgezeichnet.

Hommage an den großen Romantiker – Denkmal für Caspar David Friedrich im Garten der Brühlschen Terrasse

18 Festung Dresden
Kasematten

Die Reste der Befestigungsanlagen Dresdens liegen unter der Brühlschen Terrasse.

Georg-Treu-Platz, Eingang links neben der Treppe zur Brühlschen Terrasse
Tel. 03 51/4 91 47 86
www.schloesser-dresden.de
Führungen (Dauer 1 Std.)
April–Okt. tgl. 10–17 Uhr, sonst tgl. 10–16 Uhr, zu jeder vollen Stunde
Tram 3, 7 bis Synagoge

Kalt und feucht ist es in den Gewölben unterhalb der Brühlschen Terrasse, wo ein interessantes Stück Dresdner Geschichte besichtigt werden kann: die gut erhaltenen Teile der alten Renaissance-Festung. Sie sind auch als Kasematten bekannt.

Geschichte 1589–92 wurde die Stadtbefestigung erweitert: Das Ziegeltor wurde aufgelassen und überbaut, davor eine große Bastion errichtet, an der zwei Jahre lang bis zu 700 Menschen arbeiteten. Sie bekam den Namen Jungfernbastion, ab 1721 hieß sie Venusbastion. Graf Brühl ließ nach 1748/49 die Höfe zuschütten und die Oberfläche der Bastion zu einer Gar-

Im Dunkel der Kasematten – Teile der Dresdner Festungsanlagen sind unter der Brühlschen Terrasse erhalten geblieben

tenanlage umgestalten. Nach 1808 erfolgte die Demontage der Dresdner Festungsanlagen, nur die an der Elbfront blieben erhalten. Ziegeltor und Kasematten dienten bis in die 60er-Jahre des 20. Jh. als Kühllager. 1965 begannen interessierte Dresdner, die Kasematten zu erforschen, doch 1968 untersagten die Behörden diese Initiativen. Ab 1990 legten Mitglieder des ein Jahr später gegründeten ›Dresdner Vereins Brühlsche Terrasse‹ dann große Teile der unterirdischen Anlage frei.

Besichtigung Das **Ziegeltor** ist als einziges Stadttor Dresdens erhalten gebliebene. Es war als Tunnelanlage in den Erdwall gebaut, der die Stadt umgab. An der Landseite der Wagendurchfahrt sind noch Reste der eisernen Angeln zu erkennen, an denen vor Jahrhunderten die hölzernen Torflügel angebracht waren. Die ›Schlupfpforten‹ beiderseits waren für die Fußgänger bestimmt. In der **Kleinen Bastion** westlich des Ziegeltores hatte Ende des 16. Jh. Gießermeister Hilger seine Werkstatt. Der Weg in den großen Hof der Kleinen Bastion führt durch ein Tor, in das Hochwassermarken aus drei Jahrhunderten eingeritzt sind. In den drei sich in Richtung Elbe erstreckenden 40 m langen und 8 m breiten **Kasematten**, die Baumeister Paul Buchner d. Ä. schuf, wurden Waffen und anderes Kriegsgerät aufbewahrt.

19 Neues Ständehaus
Oberlandesgericht Dresden

Einst Tagungsstätte des Sächsischen Landtags, heute Sitz des Oberlandesgerichts.

Schlossplatz 1
Tram 4, 8, 9 bis Theaterplatz

Noch vor einigen Jahren trug das Neue Ständehaus am Aufgang zur Brühlschen Terrasse auch den Namen Landtagsgebäude, allerdings tagen hier schon lange keine Parlamentarier mehr. Der Sächsische Landtag [Nr. 9] residiert heute in einem etwa 500 m entfernten Komplex. In das Neue Ständehaus zog im Jahr 2001 nach mehrjähriger Umbauphase das *Oberlandesgericht Dresden* (Mo–Fr 8–18 Uhr) ein. Übrigens – als Altes Ständehaus wird das Landhaus [Nr. 31] in der Wilsdruffer Straße bezeichnet.

Geschichte Die Tagungsstätte für das Sächsische Parlament entwarf Paul Wallot, der Architekt des Berliner Reichstags. Die mehrfach abgewandelten Pläne und Modelle wurden im Frühjahr 1899 im Brühlschen Palais, das seinerzeit der Witwe von König Johann als Wohnsitz diente, öffentlich ausgestellt. Wenig später wurde dieses Gebäude zusammen mit dem Palais Fürstenberg abgerissen, um Platz für den *Neubau* (1900–06) zu schaffen. Die erste Sitzung des *Sächsischen Landtages* fand hier am 14. Oktober 1907 statt. Im Februar 1945 brannte das Ständehaus bis auf wenige Räume im Nord- und Ostflügel aus, die beiden Plenarsäle wurden total zerstört. Am 27. Oktober 1990, vor der konstituierenden Sitzung des ersten frei gewählten Parlaments Sachsens nach der *Wiedervereinigung*, nahmen die Abgeordneten symbolisch das Landtagsgebäude wieder in Besitz: Auf dem Weg zur Dreikönigskirche versammelten sie sich im großen Foyer. Da sich das nunmehr 100 Jahre alte Gebäude für heutige parlamentarische Arbeit nicht mehr eignete, zog das Parlament in die frühere SED-Bezirksleitung [Nr. 9], die um einen Neubau erweitert wurde. Bevor sich schließlich das Oberlandesgericht Dresden im Neuen Ständehaus niederließ, hatte hier das Museum für Mineralogie und Geologie eine Zeit lang seinen Sitz, bevor es in den Zwinger [s. S. 27] zog.

Besichtigung Der Vierflügelbau mit einem großen Innenhof besitzt einen 50 m hohen mächtigen *Turm* zur Elbseite hin, den eine vergoldete ›Saxonia‹ (1905), die Personifikation des Landes Sachsen, von Johannes Schilling bekrönt. Um das Gebäude der Umgebung anzupassen, hatte Wallot den Stil der Neorenaissance gewählt. Den Skulpturenschmuck über dem Hauptportal am Schlossplatz schuf Hans Rudolf Hartmann-MacLean, das große Wappen am Giebel ist ein Werk von August Hudler und Karl Groß. Während des Umbaus 1996–2001 entstand an der Stelle des zerstörten großen Plenarsaals der *Gerichtssaalkubus*, eine Art Haus im Haus.

Einst Bibliothek, jetzt Café und Weinrestaurant – die Sekundogenitur mit ihrem schönen Barockportal

20 Sekundogenitur

Die alte Bibliothek des Grafen Brühl gehört heute zum Hotel Dresden Hilton.

Brühlsche Terrasse
Tram 4, 8 , 9 bis Theaterplatz

Die Sekundogenitur wurde durch eine Verbindungsbrücke in den Gebäudekomplex des **Dresden Hilton** [s. S. 134] einbezogen. Das Hotel nutzt das Gebäude als stilvolles *Café* und *Weinrestaurant*. Der lateinische Name stammt aus der Zeit, als das Haus dem zweitgeborenen Prinzen gehörte, der in ihm seine Bibliothek und Sammlungen aufbewahrte. Die Sekundogenitur ging aus der von Johann Christoph Knöffel errichteten Bibliothek des Grafen Brühl hervor, in die 1791 für mehr als 100 Jahre die Königliche Kunstakademie zog. Den Umbau von 1896 leitete Hofbaumeister Gustav Fröhlich. 1931–45 diente sie als Bildergalerie. Nach den Kriegsschäden wurde sie 1963/64 als Gaststätte wieder aufgebaut.

Die Sekundogenitur gilt als der gelungenste neobarocke Kleinbau Dresdens. Mit ihrem geschweiften kupfergedeckten Mansarddach, den rankengeschmückten Fenstern, dem geschwungenen Giebel des Eingangsbereichs und dem von ionischen Säulen eingefassten Portal strahlt sie Heiterkeit aus und hebt sich von den anderen monumentalen Gebäuden der Umgebung wohltuend ab. Fröhlich schuf ein Bauwerk, das die große Zeit der Brühlschen Terrasse im 18. Jh. widerzuspiegeln scheint.

Das schöne *Barockportal* an der Rückseite (Terrassengasse) wurde beim Wiederaufbau der 1960er-Jahre eingefügt. Es schmückte einst die nach dem Zweiten Weltkrieg abgetragene Gaststätte ›Zum letzten Heller‹ im Stadtteil Hellerau.

Dem zukünftigen Ruhm der Künstler widmet sich die Hochschule für Bildende Künste Dresden im imposanten Gebäude der ehem. Königlichen Kunstakademie

21 Hochschule für Bildende Künste Dresden

Ein pompöser Bau des Historismus mit der ›Zitronenpresse‹ und reichem Bildschmuck.

Brühlsche Terrasse
www.hfbk-dresden.de
Tram 3, 7 bis Synagoge

Die üppigsten Formen und die größte Monumentalität aller Dresdner Profanbauten des ausgehenden 19. Jh. weisen die **ehem. Königliche Kunstakademie** (1891–94), heute Hochschule für Bildende Künste Dresden , und das mit ihr verbundene Ausstellungsgebäude auf, das der *Sächsische Kunstverein* für Veranstaltungen gemietet hatte. Übersteigerter Repräsentationswille und überhöhtes Selbstbewusstsein scheinen in diesen Gebäuden zum Ausdruck zu kommen – Züge, die vielen Bauten im deutschen Kaiserreich eigen waren. Der König und die Stände wollten mit diesem formenreichen und imposanten Gebäudekomplex die bedeutende Rolle Dresdens als eine der führenden Kunst- und Kulturstädte Europas sichtbar machen. Wie viele Neubauten unserer Tage, so waren Kunstakademie und Ausstellungsgebäude zu ihrer Zeit heftig umstritten. Heute hingegen werden sie als Bereicherung der Dresdner Architektur empfunden, vor allem die handwerkliche Qualität der künstlerischen Arbeiten findet große Anerkennung.

Geschichte An der 1764 gegründeten Kunstakademie, sie ist eine der ältesten Deutschlands, wurden Bildhauerei, Baukunst und Malerei gelehrt. Sie besaß ein über Dresden hinausreichendes Renommee und verlangte schon deshalb ein repräsentatives Gebäude. Auch der 1828 gegründete Sächsische Kunstverein hatte eine solche Bedeutung erlangt, dass er später Teile der Ausstellungsräume von der Kunstakademie für seine Veranstaltungen mieten sollte. Architekt Constantin Lipsius wurde es vor Baubeginn nicht leicht gemacht, denn sein Entwurf war äußerst umstritten. Den einen sagte das Gebäudevolumen nicht zu, andere störten sich am Standort, an der Fassadengestaltung oder der Raumaufteilung. Erst nach langen und heftigen Auseinandersetzungen bekam Lipsius die Baugenehmigung. Die Anlage wurde ab 1991 umfassend saniert, die Teile des Ausstellungsgebäudes, die nicht von der Hochschule genutzt werden, sollen nach Abschluss der Restaurierung als *Austellungsgebäude des Freistaates Sachsen* fungieren. An der Hochschule für Bildende Künste, die neben den klassischen Studiengänge u. a. auch Ausbildungen in Kunsttechnologie, Kunsttherapie und Theatermalerei anbietet, sind heute etwa 520 Studenten eingeschrieben.

Besichtigung Der historistische, um einen malerischen Innenhof gruppierte Vierflügelbau ist reich mit allegorischen Skulpturen und Reliefs geschmückt; die namhaftesten Bildhauer der Stadt waren aufgerufen, ihren Beitrag zu leisten. Außer Robert Diez, der mit seiner Prachtbrunnenanlage am Albertplatz beschäftigt war, erhörten alle den Ruf, darunter die Professoren Heinrich Epler, Johannes Schilling und Hermann Hulzsch. An die Kunstakademie wurde im spitzen Winkel der Ausstellungsbau angefügt. Als die ›größte Zitronenpresse‹ der Welt bezeichnet der Volksmund humorvoll die gläserne *Stahlskelett-Kuppel*, die Kunstakademie und Ausstellungsgebäude verbindet. Die vergoldete geflügelte Figur auf der Kuppel wurde lange Zeit als ›Nike‹, als die Siegesgöttin, angesehen. Was über dem Tempel der Kunst schwebt, stellt jedoch *›Fama‹* dar, die Göttin des Ruhmes. Das geht aus einem unlängst aufgefundenen Dokument ihres Schöpfers, des Bildhauers Robert Henze, hervor.

Das Albertinum beherbergt berühmte Museen – die Gemäldegalerie Neue Meister, die Skulpturensammlung und das Münzkabinett

22 Albertinum

In dem mächtigen Vierflügelbau befinden sich berühmte Kunstsammlungen sowie das Münzkabinett.

Brühlsche Terrasse
Tram 3, 7 bis Synagoge

Den meisten Besuchern dieses Gebäudes geht es nicht um seine Architektur, sondern um die berühmten Sammlungen im Inneren. Dabei ist auch das Albertinum als Baudenkmal durchaus interessant.

Geschichte Der Archititekt Carl Adolf Canzler errichtete diesen Museums- und Archivbau 1884–87 und nutzte dabei Teile des an dieser Stelle bestehenden *Zeughauses*. Dieses war Mitte des 16. Jh. erbaut worden und hatte im Verlauf der Jahrhunderte einige Veränderungen erfahren. Canzler verwendete vom Zeughaus die Kellergewölbe, das Erdgeschoss mit den toskanischen Säulen und die beiden westlichen Portale. Der Vierflügelbau – benannt nach dem damals regierenden König Albert – wurde 1945 schwer beschädigt und bis 1965 wieder hergestellt.

Besichtigung Das Bauwerk ist mit einer Sandsteinfassade im Stil der italienischen Hochrenaissance geschmückt. Die Mittelrisalite werden von monumentalen Skulpturen bekrönt, die großen Bronzereliefs (1909) im zweiten Obergeschoss der Schaufassade an der Brühlschen Ter-

Gemäldegalerie Neue Meister – Sammelstätte von bedeutenden Werken des 19.–21. Jh.

rasse stammen von Robert Diez. Die großformatige allegorische Figurengruppe ›Kunst‹ des Hauptportals ist ein Werk von Rudolf Hölbe, die Gruppe ›Herrscherruhm‹ über dem Mittelrisalit der Südfassade fertigte Richard König, die Gruppe ›Bildhauerkunst‹ der Ostfassade stammt von Robert Ockelmann.

Das Albertinum ist Heimstatt der **Gemäldegalerie Neue Meister** [Nr. 23], der **Skulpturensammlung** [Nr. 24] und des **Münzkabinetts** (Staatl. Kunstsammlungen Dresden, Tel. 0351/4914619, www.skd-dresden.de, Mo–Mi, Fr–So 10–18 Uhr), das zu den größten und bedeutendsten europäischen Sammlungen seiner Art gehört. Bereits während der Regierungszeit Herzog Georgs I. Anfang des 16. Jh. wurde der Grundstock für dieses Museum gelegt. Heute umfasst die Kollektion 250 000 Münzen, Medaillen, Papierscheine, Münz- und Medaillenstempel sowie Siegelabdrucke und Petschafte (Siegelstempel). Besondere Bedeutung besitzt die 25 000 Münzen und Medaillen umfassende *Sachsensammlung*.

Bis 2004 befand sich auch das *Grüne Gewölbe* [Nr. 13] im Albertinum. Es zeigte hier über 60 Jahre lang in einem Provisorium einen Teil seiner Schätze. Nun konnte es an seinen ursprünglichen Standort im Residenzschloss zurückkehren.

23 Gemäldegalerie Neue Meister

Von Caspar David Friedrichs Landschaften über Otto Dix' Kriegstriptychon bis zu A. R. Pencks Weltbildern.

Staatl. Kunstsammlungen Dresden
Albertinum
Tel. 0351/4914619
www.skd-dresden.de
Di–So 10–18 Uhr
Tram 3, 7 bis Synagoge

Wer Werke der namhaftesten deutschen Maler des 19. bis 21. Jh. sehen möchte, der ist im Albertinum richtig.

Geschichte Von Staatsminister Bernhard August von Lindenau, der 1830 die Leitung der Königlichen Museen übernommen hatte, stammt die Anregung, auch zeitgenössische deutsche Gemälde zu sammeln. Die **moderne Abteilung** entstand in der zweiten Hälfte des 19. Jh. und wurde bald durch Stiftungen und Schenkungen erweitert. Erworben wurde neben der deutschen Malerei auch Kunst anderer europäischer Länder. 1931 erfolgte dann die Teilung der Sammlung in Gemäldegalerie Alte Meister und Gemäldegalerie Neue Meister, welche zunächst in der *Sekundogenitur* [Nr. 20] auf der Brühlschen Terrasse Ausstellungsräume erhielt. Die Nationalsozialisten diffamierten zahlreiche Bilder als ›entartete Kunst‹ und ließen sie aus der Galerie entfernen. Nach dem Zweiten Weltkrieg zeigte die

Gemäldegalerie Neue Meister ihren Bestand im Schloss Pillnitz, 1965 zog sie ins Obergeschoss des Albertinums. Den jüngsten Schwerpunkt der Ausstellung bilden Arbeiten von Gerhard Richter.

Besichtigung Zu den Attraktionen der Galerie zählen insbesondere die Arbeiten der **Romantiker**, die mit Caspar David Friedrich, Carl Gustav Carus, Ernst Ferdinand Oehme und Adrian Ludwig Richter vertreten sind, Friedrich u. a. mit den Meisterwerken ›Das Kreuz im Gebirge‹ und ›Zwei Männer in Betrachtung des Mondes‹. Lovis Corinth, Max Slevogt, Robert Sterl und Max Liebermann repräsentieren den deutschen **Impressionismus**. Ein weiterer Schwerpunkt der Sammlung sind Gemälde der deutschen **Expressionisten**, darunter Werke der Dresdner Künstlergemeinschaft ›Die Brücke‹.

Die **französische Malerei** des 19. und frühen 20. Jh. wird illustriert durch Arbeiten von Edouard Manet, Henri de Toulouse-Lautrec, Paul Gauguin und Auguste Renoir. Ein Hauptwerk der **Neuen Sachlichkeit** ist das 1932 entstandene Triptychon ›Der Krieg‹ von Otto Dix. Die deutsche **Kunst des späten 20. Jh.** repräsentiert das expressive Werk ›Go Go Gorbat-

Caspar David Friedrich brachte mit ›Kreuz im Gebirge‹ (1807/08) das religiöse Naturempfinden der Romantik zum Ausdruck. Die Rahmengestaltung erinnert an die christlicher Altäre

Blick in die Skulpturensammlung – die griechischen Bildhauer der Klassik gaben dem Schönheitsideal ihrer Zeit Ausdruck. Ihre Werke setzten Maßstäbe, die bis heute Gültigkeit haben

schow‹ (1994) von A. R. Penck, des Malers, den die DDR-Machthaber 1980 in den Westen trieben und der als Star in seine Heimatstadt zurückkehrte.

Die **Gegenwartskunst** ist in den Ausstellungsrundgang einbezogen und tritt in einen spannungsvollen Dialog mit dem gewachsenen Sammlungsbestand. Seit dem Spätsommer 2004 sind 41 Werke des weltberühmten in Dresden geborenen Künstlers **Gerhard Richter** zu sehen. Die Dresdner Galereie Neue Meister ist heute das einzige Museum, das Richters Werk in solcher Breite zeigen kann.

24 Skulpturensammlung

Traditionsreiches Museum alter und neuer Plastik von Weltrang.

Staatl. Kunstsammlungen Dresden
Albertinum
Tel. 03 51/4 91 46 19
www.skd-dresden.de
Mo–Mi, Fr–So 10–18 Uhr
Tram 3, 7 bis Synagoge

Werke aus fünf Jahrtausenden – von den frühen Kulturen des Mittelmeerraumes und Vorderasiens bis zur Gegenwart – gehören zur Skulpturensammlung, deren Kern die 11 000 Antiken bilden. Nur ein Teil der Werke kann gezeigt werden.

Geschichte Zwischen 1717 und 1728 entstand die Sammlung als Galerie *antiker Skulptur*. Die Aufkäufer Augusts des Starken erwarben in ganz Europa bedeutende Marmorbildwerke. So gelang es ihnen im Herbst 1728 in Rom 160 Antiken aus dem Nachlass des Fürsten Agostino Chigi und 34 Skulpturen aus der Sammlung des Kardinals Alessandro Albani zu kaufen. 1736 konnten in Wien drei weibliche Statuen aus Herkulaneum aus dem Nachlass des Prinzen Eugen von Savoyen erworben werden. In die Sammlung kam auch manches Stück, das der Dresdner Hof als Geschenk erhielt. So die *Bronzebüste des Kurfürsten Christian II.* (1603) von Adrian de Vries, die ein Geschenk von Kaiser Rudolf II. an den Dargestellten war. Die Antikensammlung war, bevor sie 1889 unter dem Namen Skulpturensammlung ins Albertinum kam, ab 1729 im Palais, später in den Pavillons des Großen Gartens und ab 1785 im Japanischen Palais untergebracht. Der Grundstock für die Sammlung *zeitgenössischer Plastik* wurde Ende des 19.Jh. gelegt, später erweiterte man sie vor allem um Werke deutscher Künstler des 20. Jh.

Besichtigung Lange Zeit war die Antikensammlung die größte ihrer Art außerhalb Italiens. In der schönen Renaissancehalle im Erdgeschoss des Albertinums werden rund 500 Werke aus der Antikenabteilung gezeigt, meist römische Marmorstatuen als Nachschöpfungen verlorener griechischer Bronzearbeiten. Zu den Kostbarkeiten gehören die **Athena Lemnia** nach Phidias (um 447 v. Chr.), der sog. **Dresdener Knabe** (um 430 v. Chr.), die Statue eines **Siegreichen Athleten** nach Polyklet, und die einzige Kopie der **Tanzenden Mänade** des Skopas (4. Jh. v. Chr.).

Eine kleine Auswahl von Bildwerken des 17. bis 20. Jh. ist zusammen mit den Bildern der Gemäldegalerie Neue Meister [Nr. 23] im Obergeschoss des Albertinums zu sehen. Dort wird seit 1993 auch wieder *Wilhelm Lehmbrucks* überlebensgroße Figur ›**Kniende**‹ (1911) gezeigt, eines der wichtigsten Zeugnisse deutscher Plastik des 20. Jh. Die ›Kniende‹ war der Skulpturensammlung 1920 von der Witwe des Künstlers übereignet worden, 1937 hatten sie die Nationalsozialisten als ›entartete Kunst‹ entfernt und in die USA verkauft. Für 1,1 Mio. Dollar konnte die Skulptur 1993 in New York ersteigert und in die Sammlung zurückgebracht werden.

25 Kurländer Palais

Das zauberhafte Bauwerk wird wieder hergestellt.

Tzschirnerplatz
Tram 3, 7 bis Synagoge

Der sächsische Prinz Carl, ein Enkel Augusts des Starken, war für kurze Zeit **Herzog von Kurland** und 1744 Besitzer des Rokokogebäudes geworden. Von ihm bekam es später den Namen. Entstanden ist das Palais 1729 für Minister *Graf von Wackerbarth*, von 1815–64 beherbergte es die chirurgisch-medizinische Akademie, an der der berühmte Arzt und Maler Carl Gustav Carus als Professor der Geburtshilfe wirkte. Seit 1945 ist das Palais Ruine, der Wiederaufbau als Hotel wurde 2004 genehmigt. Bei Ausgrabungen wurden Reste der barocken *Gartenanlage* entdeckt, die ebenfalls rekonstruiert werden soll. Das Palais ist das bedeutendste Werk von Oberlandbaumeister **Johann Christoph Knöffel**, der wie alle am Hofe tätigen seines Fachs eine internationale Ausbildung besaß und die Architektur von Rom und Paris studiert hatte.

Dem Palais gegenüber, in der Schießgasse, zieht ein reich verziertes Gebäude die Aufmerksamkeit auf sich, das einem Renaissancepalast gleicht: das von Julius Temper für die Königliche Polizeidirektion erbaute **Polizeipräsidium** (1895–1900). Am Erweiterungsbau (1979–83) an der Rückseite wurde der barocke **Delphinbrunnen** (um 1765) des Palais Hoym von Gottfried Knöffler eingefügt. Das 1945 zerstörte und danach abgebrochene Palais stand einst in etwa an dieser Stelle.

26 Carolabrücke

Spannbetonkonstruktion über die Elbe mit Schmuck vom Vorgängerbau.

Tram 3, 7 bis Carolaplatz oder Synagoge und 8 bis Carolaplatz

Die 1967–71 erbaute Elbüberführung, eine der größten Spannbetonkonstruktionen im Osten Deutschlands, hat nur einen Strompfeiler. Die 375 m lange und 32 m breite Brücke trug rund zwei Jahrzehnte lang den Namen des ersten Oberbürgermeisters Dresdens nach 1945, Rudolf Friedrich. Seit 1992 ist sie nach ihrem 1892–95 errichteten Vorgängerbau benannt, der am Ende des Zweiten Weltkrieges gesprengt wurde. Von diesem stammen die beiden **Skulpturengruppen** (1907) am Altstädter Brückenkopf: links die ›Elbe in Ruhe‹ (Nereide auf fischschwänzigem Pferd über ruhiges Wasser reitend), rechts die ›Elbe in Bewegung‹ (Triton jagt, die Keule schwingend, über die Wellen). Die Doppelgruppe stammt von Friedrich Offermann.

27 Frauenkirche

TOP TIPP

Seit Sommer 2004 prägt die elegante Kuppel des bedeutenden protestantischen Sakralbaus wieder die Silhouette der Altstadt.

Neumarkt
www.frauenkirche-dresden.org
Tram 1, 2, 4 bis Altmarkt

Ordentlich sortiert lagen vor über 10 Jahren mehr als 20 000 t Steine in Regalen auf dem Neumarkt. Es waren die aus dem Schutt geborgenen Bauteile der Frauenkirche, einem Meisterwerk barocker Baukunst. Mit ihrer mächtigen Kuppel, steinerne Glocke genannt, hielt sie dem Bombenhagel am 13./14. Februar 1945 sogar stand. Doch in den Vormittagsstunden des 15. Februar 1945 stürzte der innen

Eines der schönsten Ensembles der Stadt bilden Johanneum, Neumarkt und die wieder aufgebaute Frauenkirche. Im Hintergrund die Zitronenpresse genannte Kuppel der Kunsthochschule

ausgebrannte Sakralbau in sich zusammen. Fast fünf Jahrzehnte lang ragte die düstere Ruine in den Himmel.

Mit dem Wiederaufabau der bedeutendsten protestantischen Kirche Sachsens wurde 1994 begonnen. Pfingsten 2003 läuteten erstmals wieder die Glocken und im Sommer 2004 wurden Turmhaube und Kuppelkreuz aufgesetzt. Seitdem schmückt die monumentale Kuppel des Gotteshauses wieder die Silhouette der Altstadt. Nach Fertigstellung des Innenausbaus wird am 30. Oktober 2005 die Weihe der Frauenkirche erfolgen.

Der 95 m hohe Zentralbau über quadratischem Grundriss mit diagonal eingepassten Ecktürmen ist das wichtigste Bauwerk des aus dem Erzgebirge stammenden Architekten **George Bähr**. Er errichtete sein Meisterwerk über den Resten der alten Frauenkirche, die seit dem 11. Jh. bestanden hatte und 1726 abgerissen worden war. Die Grundsteinlegung für den Neubau erfolgte im selben Jahr. Die Fertigstellung 1743 erlebte Bähr nicht mehr, er starb 1738. Die Kirche vollendete Johann Georg Schmid. Heftige Auseinandersetzungen hatte es um die **Kuppel** gegeben, denn statischen Berechnungen ließen das Bauvorhaben als Wagnis erscheinen. Allen Unkenrufen zum Trotz gelang die Konstruktion der Kuppel und sie schmückte mit ihrem italienischen Flair fast 200 Jahre lang das Stadtbild – wie auch heute wieder. Im **Inneren** der Frauenkirche mit ihrer würdevollen, beschwingten Architektur beeindruckten damals Hochaltar und Kanzel (1733–39) von Johann Christian Feige d. Ä. Auf der Orgel von Gottfried Silbermann (44 Register, 2667 Pfeifen) spielte 1736, 1738 und 1741 *Johann Sebastian Bach*.

Vor der Frauenkirche steht noch heute das **Lutherdenkmal** (1885). Adolf von Donndorf verwendete hier einen Kopf, den sein Lehrer und Freund Ernst Rietschel gestaltet hatte, deshalb werden oft beide Bildhauer als Urheber angeführt. Dem Lutherdenkmal schräg gegenüber erhebt sich das **Standbild für König Friedrich August II.** (1867), eine Bronzearbeit von Ernst Julius Hähnel.

Gedenken an den Untergang Dresdens

Kranzniederlegung am Massengrab auf dem Heidefriedhof, Pontifikalmesse in der Hofkirche, Requiem in der Kreuzkirche, Ausstellungen in Schulen und Museen: Dresden gedachte im Februar 1995 der verheerenden Bombennacht von 1945. Die Gedanken galten aber auch jenen Städten, die im Zweiten Weltkrieg das Schicksal mit Dresden teilten, wie Rotterdam und Coventry sowie jenen, die 50 Jahre danach bluteten, darunter Grosny in Tschetschenien und Sarajevo in Bosnien. Schweigend versammelten sich damals Tausende vor der Ruine der **Frauenkirche**, mit deren Wiederaufbau inzwischen eine der letzten Spuren der Bombennacht getilgt worden ist.

Die Erinnerung an das Inferno im Februar 1945 war für viele Dresdner jahrzehntelang mit diesem tragischen **Mahnmal** der Vernichtung verbunden gewesen. Die Nachgeborenen hatten mit der Kircheruine immer vor Augen, wie ihre Stadt am Ende des Zweiten Weltkrieges ausgesehen hatte. Etwa 2000 britische und amerikanische Flugzeuge hatten sie in der Nacht vom **13.** zum **14. Februar 1945** in drei kurz aufeinander folgenden Angriffswellen in eine Steinwüste verwandelt.

Kurz nach halb zehn Uhr abends heulten die Sirenen, wenig später ging es los. Mehr als eine **halbe Million Bomben** warfen die Flugzeuge in dieser Nacht ab. Keine deutsche Fliegerabwehr stellte sich ihnen entgegen, die Menschen hatten keinen Schutz, wussten nicht wohin, denn öffentliche Bunker gab es nicht. Ein **Feuersturm** raste durch die Stadt, die Menschen erstickten, verbrannten, wurden von Trümmern erschlagen. Es waren Einwohner und Tausende von Flüchtlingen aus Schlesien und Ostpreußen, die Schutz in Dresden gesucht hatten. ›Reichsluftschutzkeller‹ wurde die Stadt genannt, denn kaum einer rechnete damit, dass die militärisch unbedeutende Kunstmetropole das Ziel von größeren Bombenangriffen sein würde. Das Zentrum verglühte in dieser Februarnacht regelrecht, im Tiefkeller der Hofapotheke an der Schlossstraße schmolzen sogar die Gläser auf dem steinernen Boden. Der Himmel färbte sich blutrot, bis nach Leipzig und Chemnitz war der Feuerschein zu sehen. 50 Jahre nach dieser grauenvollen Nacht läuteten 129 Glocken von 47 Kirchen zum Gedenken, sie vereinten sich zum ›Glockenrequiem Dresden‹. Ein Klangteppich überzog die Stadt, jeder Schlag sollte eine Mahnung zum Frieden sein. Auch der 60. Jahrestag im Februar 2005 ist für Dresden Anlass zur feierlichen Erinnerung.

Bild der Zerstörung – die Trauer der Überlebenden scheint diese Figur am Rathausturm zu verkörpern. Sie blickt auf die Ruinen der Dresdner Altstadt (1945)

An der Ostseite des Neumarktes steht das barocke **Coselpalais** (1744–46) von Johann Christoph Knöffel. Es wurde 1945 zerstört, die Rekonstruktion wurde Anfang 2000 abgeschlossen. Die beiden Seitenflügel waren schon 1975 rekonstruiert worden. Bereits im Siebenjährigen Krieg war das imposante Gebäude zerstört worden. Den Wiederaufbau leitete Julius Heinrich Schwarzer. Benannt ist es nach seinem prominentesten Besitzer, Graf Friedrich August von Cosel, einem Sohn aus der Verbindung Augusts des Starken mit seiner berühmtesten Mätresse.

Der **Neumarkt** selbst gehörte vor den Zerstörungen 1945 zu den städtebaulichen Höhepunkten Dresdens. Seine Wiederherstellung hat mit dem Bau einer Tiefgarage begonnen.

28 Johanneum
Verkehrsmuseum Dresden

Wo einst Pferde und Kutschen der Kurfürsten untergebracht waren, sind heute historische Fahrzeuge ausgestellt.

Augustusstraße 1
Tel. 03 51/8 64 40
www.verkehrsmuseumsachsen.de
Di–So 10–17 Uhr
Tram 1, 2, 4 bis Altmarkt

Als Stallgebäude gehörte es einst zu Dresdens prachtvollsten Renaissancebauwerken, als Johanneum hat es jene Stilmerkmale zwar weitgehend eingebüßt, doch schön anzuschauen ist das Gebäude immer noch. Es beheimatet heute das Verkehrsmuseum Dresden, welches die Verkehrsgeschichte zu Land, zu Wasser und in der Luft von den Anfängen bis zur Gegenwart dokumentiert.

Geschichte Kurfürst Christian I. ließ 1586–90 ein dreiflügeliges Stallgebäude für seine Pferde und Kutschen errichten. Im Obergeschoss wurde die Rüstkammer [Nr. 6] untergebracht. Nach mehrere Umbauten Anfang des 18. Jh. war hier bis 1855 die Gemäldegalerie Alte Meister beheimatet. Im Auftrag von König Johann baute Karl Moritz Haenel das nun Johanneum genannte Gebäude 1872–76 zum Historischen Museum um. 1954 bekam das zwei Jahre zuvor gegründete Verkehrsmuseum den Bau zugewiesen. Der Wiederaufbau des kriegszerstörten Johanneums war 1968 abgeschlossen.

Den Charme der Renaissance vermittelt das Johanneum trotz vieler Umbauten. Der Türkenbrunnen erinnert an Krieg und Frieden

Besichtigung Das Aussehen der zum Neumarkt gewandten **Südfassade** bestimmen hohe Rundbogenfenster und die doppelläufige Freitreppe. Den Giebel bekrönt das sächsisch-polnische Wappen. Vom ursprünglichen Renaissancegebäude blieben nur die seitlichen Rustika-Portale erhalten.

Im **Verkehrsmuseum Dresden** belegt die Abteilung *Eisenbahngeschichte* den größten Teil der Ausstellungsfläche. Unter den Originalfahrzeugen befindet sich die wohl älteste, weitgehend im Originalzustand erhaltene Lokomotive Deutschlands, die 1861 erbaute ›Muldenthal‹, die 91 Jahre lang im Werksverkehr des Zwickauer Steinkohlereviers diente. Im zentralen Lichthof sind *Autos* zu sehen, darunter der erste Pilot 6/30 von 1926, eine sächsische Automobil-Rarität. In der Abteilung *Städtischer Nahverkehr* werden

Der Fürstenzug aus Meissener Porzellankacheln an der Außenwand des Langen Ganges präsentiert die Wettiner Herrscher vom 12. bis zum frühen 20. Jahrhundert

u. a. ein Pferdebahn-Decksitzwagen von 1890 und der älteste Straßenbahn-Triebwagen Dresdens von 1896 gezeigt. Die Abteilungen Schifffahrt und Luftfahrt vervollständigen die Kollektion.

Verschwunden ist das **Goldene Tor** oder Schöne Tor (1555–58), ein Meisterwerk der deutschen Renaissance, das 1872–2004 links neben Johanneum stand. Gegenwärtig wird es restauriert, um danach wieder zur Schlosskapelle in der Residenz, also an seinen ursprünglichen Standort, zurückzukehren.

Der **Türkenbrunnen** vor dem Johanneum überstand wie durch ein Wunder die Zerstörung im Februar 1945. Aufgestellt wurde er am Ende des Dreißigjährigen Krieges als Friedensbrunnen mit der Figur der Friedensgöttin ›Irene‹. Nachdem Kurfürst Johann Georg III. 1683 aus dem Türkenkrieg siegreich zurückgekehrt war, tauschte man die Irene gegen eine sandsteinerne ›Viktoria‹ (Siegesgöttin) aus und taufte ihn Türkenbrunnen.

29 Stallhof und Langer Gang

Der älteste original erhaltene Turnierplatz seiner Art auf der Welt.

Augustusstraße
Tram 1, 2, 4 bis Altmarkt

Der **Stallhof** und der Lange Gang verbinden das Johanneum [Nr. 28] mit dem Georgentor des Residenzchlosses [Nr. 12]. An die früher im Stallhof veranstalteten Hetzjagden und *Turniere* erinnern die beiden 6,10 m hohen bronzenen Ringestechsäulen, Originale aus dem Jahr 1601. Der Stallhof, auf der Welt gibt es keine vergleichbare Anlage dieser Art mehr, wird zur Augustusstraße hin vom **Langen Gang** (100 m) begrenzt. Das Gebäude entstand 1586–88 vermutlich nach Entwürfen von Giovanni Maria Nosseni. Es wurde 1945 stark beschädigt und ab 1957 wieder aufgebaut. Die Fassade des Langen Ganges zur Augustusstraße hin schmückt der Fürstenzug. Die *Hoffassade* wird beherrscht von einem eleganten Arkadengang, dessen Bogen von 20 toskanischen Säulen getragen werden. Zwischen den Bogen sind die Wappen der damaligen wettinischen Landesteile von

Andreas Walther III. angebracht, der seit etwa 1570 in Dresden als Bildhauer tätig war. Die Malereien und die plastischen Arbeiten am Außenbau wurden 1972–79 nach alten Stichen rekonstruiert. Im Obergeschoss diente der *Lange Saal* zunächst als Ahnengalerie des Hauses Wettin und ab 1731 als Gewehrgalerie. Heute wird er vom Verkehrsmuseum Dresden genutzt.

30 Fürstenzug

TOP TIPP *Beeindruckende Ahnengalerie der Wettiner auf dem größten Porzellanbild der Welt.*

Augustusstraße
Tram 1, 2, 4 bis Altmarkt

35 Markgrafen, Kurfürsten und Könige hoch zu Ross sind in diesem monumentalen Wandfries an der Außenfront des Langen Ganges verewigt: die wettinischen Herrscher von 1123 bis 1906. Der 101,90 m lange und 957 m² große Fries gilt als das größte Porzellanbild der Welt.

Geschichte 1872 begann Wilhelm Walther die vierjährige Arbeit an dem Monumentalgemälde, das allerdings in Folge rasch verwitterte, da es in Sgraffitotechnik ausgeführt worden war. 1904–07 wurde es deshalb auf 25 000 Fliesen von je 20,5 x 20,5 cm aus Meissener Porzellan übertragen. 1978/79 schließlich rückten Restauratoren an, um den Fries, der die Bombennacht im Februar 1945 fast unbeschadet überstanden hatte, gründlich zu erneuern. Sie mussten lediglich 223 Fliesen völlig und 442 teilweise ergänzen.

Besichtigung Insgesamt 93 Personen sind auf dem Fries dargestellt. Der Fürstenzug beginnt mit **Konrad dem Großen**, der in der ersten Hälfte des 12. Jh. über die Markgrafschaft Meißen herrschte, und endet mit **König Georg II.**, der zu Beginn des 20. Jh. zwei Jahre in Dresden regierte. Der berühmteste Wettiner, **August der Starke**, und sein Sohn **Kurfürst Friedrich August II.** werden mit den polnischen Königsnamen (August II. und August III.) genannt. Aufmerksame Betrachter werden den letzten regierenden

Die luftigen Arkaden des Langen Ganges verbinden Johanneum und Georgentor (links) des Residenzschlosses. Hier, im Stallhof, fanden höfische Turniere statt

Verwaltungsgebäude von königlichem Format – das Landhaus, als Tagungsstätte der Stände im 18. Jh. erbaut, bildet heute den eleganten Rahmen für das Stadtmuseum Dresden

Wettiner vermissen, **König Friedrich August III.** (1865–1932), der bei seinem Sturz 1918 trotzig erklärt haben soll: »Nu, dann machd eiern Dregg alleene«. Er war, als mit dem Fries begonnen wurde, noch ein Bub von sieben Jahren.

Den Herrschern des deutschen Fürstengeschlechts mit der längsten Regierungszeit folgen zu Fuß Vertreter von Wissenschaft und Kunst, Handwerker-, Bergmann- und Bauernstand. So ist hinter den Fahnenträgern in der zweiten Reihe mit wallendem Haar der Maler **Adrian Ludwig Richter** zu sehen, einer der populärsten deutschen Künstler des 19. Jh. Am Ende des einzigartigen Kunstwerkes hat sich der Schöpfer selbst verewigt: Hinter dem Maurer Pietsch und dem Zimmermann Kern, seinen beiden Helfern, blickt der 1826 in Cämmerswalde im Erzgebirge als Sohn eines Waldarbeiters geborene Akademieprofessor **Wilhelm Walther** dem Betrachter entgegen.

Handbetriebene Feuerwehr – vom Pferdegespann gezogen wurde die barocke Handdruckspritze (1759), die heute im Stadtmuseum Dresden zu bewundern ist

31 Altes Landhaus
Stadtmuseum Dresden

Ein Kleinod unter den Baudenkmälern der Altstadt.

Wilsdruffer Straße 2
Tel. 03 51/65 64 80
http://stadtmuseum.dresden.de
Tram 1, 2, 3, 4, 7, 12 und
Bus 75 bis Pirnaischer Platz

Das Landhaus war das erste bedeutende Verwaltungsgebäude Dresdens. In ihm tagten die Landstände – daher wird es auch Altes Ständehaus genannt –, und ab 1833 der Landtag. Nach der für Herbst 2005 geplanten Wiedereröffnung wird in den Räumen das Stadtmuseum erneut Einblick in die Geschichte der Stadt geben.

Geschichte Nach sechsjähriger Bauzeit wurde das Landhaus 1776 fertig gestellt. 1907 zogen die Landtagsabgeordneten von hier in das Neue Ständehaus [Nr. 19] an der Brühlschen Terrasse. Das Landhaus wurde 1945 stark beschädigt, 1964/65 erfolgte der Wiederaufbau. Das Stadtmuseum Dresden wurde 1891 gegründet und befand sich von 1910 bis 1945 im Neuen Rathaus [Nr. 35]. 1966 konnte es an seinem heutigen Standort wieder eröffnet werden.

Besichtigung Das von Hofbaumeister Friedrich August Krubsacius erbaute Landhaus (1770–76), das klassizistische, spätbarocke und Elemente des Rokoko vereint, ist das einzige historische Gebäude an der Wilsdruffer Straße, die zu DDR-Zeiten den Namen des KP-Führers Ernst Thälmann trug. Beim Wiederaufbau des Gebäudes nach der Kriegszerstörung wurde der Eingang an die Wilsdruffer Straße verlegt, nach Abschluss der gegenwärtigen Bauarbeiten wird er sich wieder an der rückwärtigen Hofseite befinden. Das **Innere** des Gebäudes ist von besonderem Reiz: Das durch die drei Geschosse führende *Treppenhaus* stellt mit seinen nach oben schwingenden Aufgängen eine außerordentlich schöne Arbeit dar. Augenweiden sind auch das schmiedeeiserne Treppengeländer und die über 200 Jahre alten Putten und Vasen aus der Schule des Bildhauers Gottfried Knöffler.

Das **Stadtmuseum Dresden** informiert mit seiner vielseitigen Sammlung über die Geschichte Dresdens von den Anfängen bis 1989. Zu den kulturhistorisch bedeutenden Exponaten gehören die Tafelgemälde der ›*Zehn Gebote*‹ (1528/29) aus der Kreuzkirche [Nr. 34] und die von den sächsischen Kurfürsten gestifteten *Ordensketten*.

Die ebenfalls im Landhaus ansässige **Städtische Galerie Dresden – Kunstsammlung** (www.galerie-dresden.de) mit ihrem bedeutenden Bestand an Malerei, Graphik und Skulptur vom 16. Jh. bis zur Gegenwart soll im Sommer 2005 eröffnet werden.

32 Altmarkt

Das Herz von Dresden einst und heute.

Tram 1, 2, 4 bis Altmarkt

Seit Jahrhunderten ist der Altmarkt der Mittelpunkt Dresdens. Einst war er der Markt- und Versammlungsplatz der Bürgerschaft. Vor dem Bau des Zwingers vergnügte sich hier die Hofgesellschaft. Die Bomben hinterließen im Februar 1945 einen Trümmerhaufen, sämtliche Gebäude wurden zerstört. In den Tagen nach dem Inferno brachte man Tausende von Toten auf den Platz, um sie hier einzuäschern.

Geschichte 1370 wurde der Altmarkt erstmals erwähnt, seinen Namen bekam er 1550. Während der Bombenangriffe im Februar 1945 flüchteten sich die Menschen auf den Platz, wo zu Löschzwecken große Wasserbecken angelegt worden waren. Nach der Beseitigung der Trümmer begann 1953 der Wiederaufbau, in dessen Verlauf der Platz von 1,3 ha auf 2,8 ha vergrößert wurde. Mit der Bebauung im südlichen Bereich ab 1997 wurde der Platz wesentlich verkleinert. Wie der Altmarkt einst aussah, das zeigen Stadtveduten Canalettos in der Gemäldegalerie Alte Meister [Nr. 5].

Besichtigung Einst ragte die *Kreuzkirche* [Nr. 34] hinter den Häuserfassaden der Ostseite auf, heute bildet sie mit ihnen eine Fluchtlinie. Die Gebäude (1953–56) der West- und der Ostseite mit ihren Erkern, Arkaden und Skulpturen aus Sandstein lehnen sich an Architekturformen des Barock an. Die Entwürfe lieferten Herbert Schneider und Johannes Rascher. Diese Art des Bauens erwies sich aber bald als zu kostspielig und daher erfolgte der Wiederaufbau anderer Bereiche zum größten Teil in Plattenbauweise. Die Nordseite des Platzes schließt an der Wilsdruffer Straße der *Kulturpalast* [Nr. 33] ab. Die zu DDR-Zeiten offen gebliebene Südseite wurde ab 1997 entsprechend der historischen Stadtanlage bebaut, jedoch in einer modernen, zeitgemäßen Architektur. Entstanden sind Bürogebäude, ein Warenhaus, Geschäfte und Bankfilialen.

In den Häusern rund um den Altmarkt wohnten einst bekannte Persönlichkeiten, so z. B. im Haus Ecke Kreuzstraße 1819–42 **Ludwig Tieck** (1773–1853). Die Gedenktafel mit dem Relief des Dichters in-

Der Altmarkt mit neuem Gesicht – Blick vom Rathausturm über die Kreuzkirche auf das Herz der Dresdner Altstadt, das im Zweiten Weltkrieg zerstört worden war

formiert, dass er damals als Dramaturg am Hoftheater tätig war.

In der Weißen Gasse, hinter der Ostseite des Altmarkts, plätschert der **Gänsediebbrunnen** (1876–80). Mit diesem Werk gewann Robert Diez, der später das Meisteratelier für Bildhauerei an der Kunstakademie leitete, die ›Große Goldene Medaille‹ auf der Internationalen Kunstausstellung 1878 in München.

Westlich des Platzes wurde im Herbst 2002 die **Altmarkt-Galerie** eröffnet, die zu den bundesweit schönsten Einkaufszentren gehört. Der Besucher findet hier über 100 Shops, Cafés und Restaurants. Die Haupteingänge befinden sich am Altmarkt sowie am Dr.-Külz-Ring.

33 Kulturpalast

Moderne Architektur für die Dresdner Philharmonie am Altmarkt mit einem Festsaal für 2400 Zuschauer.

Altmarkt/Wilsdruffer Straße
Tram 1, 2, 4 bis Altmarkt

Der verhältnismäßig flache Kulturpalast, ein Werk der neueren DDR-Architektur, bildet den städtebaulichen Abschluss des Altmarktes nach Norden. Das Gebäude mit einem Saal für 2400 Zuschauer ist Heimstatt der **Dresdner Philharmonie**. Hier finden aber auch große Bälle statt, und Stars des Show- und Musikgeschäfts geben ihre Gastspiele.

Nach der Idee von Leopold Wiel und nach Entwürfen von Wolfgang Hänsch und Herbert Löschau wurde der Kulturpalast 1966–69 erbaut. Das 103 m lange und 72 m breite, in Stahlbetonskelettbauweise errichtete Gebäude misst in der Höhe nur 19,35 m. Charakteristisch ist das mit Kupferblech gedeckte Dach. Glücklicherweise wurde auf die in einem früheren Projekt vorgesehene hohe Kuppel verzichtet, sodass die Architektur des Kulturpalastes die Silhouette der Altstadt nicht beeinträchtigt. Das zurückgesetzte Erdgeschoss des Gebäudes ist mit roten polierten Granitplatten verkleidet. Die beiden Obergeschosse liegen hinter einer funktionalen Stahl-Aluminium-Glas-Fassade. Interessant sind die fünf zweiflügeligen *Bronzetüren* der Eingangsseite mit Szenen aus der Geschichte Dresdens von Gerd Jäger.

34 Kreuzkirche

TOP TIPP *Mit 3600 Plätzen eine der größten evangelischen Kirchen Deutschlands.*

Altmarkt
Tel. 03 51/74 39 39 20
Ostern–Okt. Mo–Sa 10–17.30, So 12–17.30 Uhr, Nov.–Ostern Mo–Sa 10–16, So 12–16 Uhr
Tram 1, 2, 4 bis Altmarkt

Fünfmal wurde die älteste Kirche der Stadt durch Brand oder Krieg zerstört und fünfmal wieder aufgebaut. Ihr Geläut besteht aus fünf großen Glocken – es ist nach dem des Kölner Doms das zweitgrößte in Deutschland. Gegossen wurde es 1900 in der Apoldaer Glockengießerei Schilling. Eng mit Dresdens Hauptkirche verbunden ist der weltbekannte **Kreuzchor**, einer der ältesten Knabenchöre der Welt. Kreuzchor-Vespern gehören zu den besonderen Erlebnissen eines Dresden-Besuches.

Geschichte Seine heutige Gestalt bekam der Sakralbau im Wesentlichen 1764–92 nach Plänen von Johann Georg Schmid und Christian Friedrich Exner, den 92 m hohen klassizistischen *Turm* vollendete 1788 Gottlob August Hölzer. Der erste Kirchenbau wurde vermutlich um 1200 dem hl. Nikolaus geweiht, um 1235 wurde die **Kreuzkapelle** für die Aufbewahrung eines Splitters vom Kreuz Christi angebaut. Diese Reliquie hatte *Constanze von Österreich* mitgebracht, die 1234 mit Markgraf Heinrich dem Erlauchten vermählt worden war. Der Name der Kapelle übertrug sich später auf die ganze Kirche. Die kostbare Kreuz-Reliquie jedoch ist seit der Reformation verschollen. Die zweite Kreuzkirche (1447–49) brannte 1491 nieder, von der dritten (Ende 15. Jh.) zerstörten preußische Kanonenkugeln im Siebenjährigen Krieg Langhaus und Chor, 1897 brannte die Kirche erneut aus und 1945 blieben nur die Außenmauern stehen. Am 10. Jahrestag der Zerstörung Dresdens konnten der Landesbischof und der Kreuzchor die wieder erstandene Kirche einweihen.

Besichtigung Mit 3600 Plätzen zählt die Kirche mit ihrer klassizistisch geprägten *Fassade* zu den größten in Deutschland. Im **Inneren** wurde sie bei der Wiederherstellung nur mit hellem Rauputz verkleidet, auf Schmuck wurde verzichtet. Was als Provisorium gedacht war, wird nun so bestehen bleiben – die Schmuck-

Kreuzchor

Sogar im fernen Japan drängte sich ein begeistertes Publikum darum, den **traditionsreichen Knabenchor** aus Dresden zu hören. Bereits die Chroniken des 14. Jh. verzeichneten den Kreuzchor, der aus Schülern der städtischen **Kreuzschule** gebildet wurde. Und auch beim ersten evangelischen Gottesdienst der Stadt, am 6. Juli 1539, sangen die Knaben des Chores. 1530 war der erste Kreuzkantor berufen worden, den eine Verordnung beauftragte, er solle »christliche deutsche Lieder aus dem Gesangsbuch Dr. Martin Luthers singen und figurieren« lassen. Ab Ende des 19. Jh. wurde das Werk von **Johann Sebastian Bach** besonders gepflegt. Damals hatte sich auch die Chorgröße von 32 Kruzianern auf 66 erhöht, heute zählt der Kreuzchor 80 Mitglieder. Die bekanntesten **Kreuzkantoren** waren Julius Otto, der den Chor 1828–75 leitete, und Rudolf Mauersberger, der 1930–71 als 25. Kreuzkantor tätig war. Zu Weltruhm gelangte der Kreuzchorsänger **Peter Schreier**. Erstaunlich, dass ausgerechnet der berühmteste Kreuzschüler, **Richard Wagner**, es während seiner Schulzeit 1822–27 nicht zum Chorsänger brachte.

In der Kreuzkirche, deren Inneres als Mahnmal des Krieges unter Verzicht auf reiche Ausstattung rekonstruiert wurde, gewinnt die Andacht bei einer Kreuzchor-Vesper besondere Intensität

losigkeit soll an die Schrecken des Krieges erinnern. Das *Altarbild* ›Kreuzigung‹ (1900) von Anton Dietrich überstand den Flammensturm im Februar 1945 und war danach rußgeschwärzt. Das Relief (1900) von Heinrich Epler in der Predella des Altars stellt den ersten lutherischen Gottesdienst in Dresden dar, der am 6. Juli 1539 in der Kreuzkirche stattfand. Die 1963 eingeweihte *Orgel* der Dresdner Firma Jehmlich besitzt 76 Register und 6111 Pfeifen. Rechts vom Haupteingang befindet sich die *Heinrich-Schütz-Kapelle* mit dem *Schützrelief*, das Kreuzkantor Rudolf Mauersberger stiftete. In dieser Kapelle fand auch das *Nagelkreuz* (1986) Platz, ein Versöhnungsgeschenk der Kathedrale von Coventry, die 1940 von Deutschen Bombern zerstört worden war. Das Bronzekruzifix und das Alabasterrelief (beide um 1600) stammen aus der zerstörten Dresdner Sophienkirche.

35 Neues Rathaus

Ein imposantes Bauwerk mit ›Goldener Pforte‹, ›Rathausmann‹ und einem ›Bacchus‹ mit blank gescheuerter Zehe.

Dr.-Külz-Ring 19
Tram 1, 2, 3, 4 , 7, 12 und Bus 75 bis Pirnaischer Platz

Der achteckige, 100 m hohe Turm des Neuen Rathauses gehört seit Beginn des 20. Jh. zum Stadtbild, und die ihn bekrönende vergoldete Skulptur wurde zu einem der Wahrzeichen Dresdens. Das Bauwerk hat einen Gesamtumfang von 467 m, wer alle Korridore entlanglaufen möchte, muss 2900 m marschieren.

Geschichte Der verhältnismäßig unbekannte Architekt Karl Roth erhielt als einer von vier Preisträgern eines Architekturwettbewerbes den Auftrag, das neue Rathaus zu erbauen. Denn das alte von 1744 am Altmarkt (im Zweiten Weltkrieg dann zerstört) war zu eng geworden. Roth schuf einen unregelmäßigen vier- bis fünfgeschossigen Gebäudekomplex mit fünf Innenhöfen. Nach fünfjähriger Bauzeit konnten 1910 der Oberbürgermeister und seine Mitarbeiter an ihren Schreibtischen Platz nehmen. Die Wiederherstellung des 1945 schwer beschädigten Rathauses erfolgte 1948–52. Der Festsaalflügel am Rathausplatz (1962–65) kam einem Neubau gleich.

Besichtigung Das sandsteinverkleidete Neorenaissance-Gebäude weist auch Elemente des Jugendstils und des Barock auf. ›*Rathausmann*‹ (1908–10) wird die 4,90 m hohe Skulptur auf dem **Rathausturm** genannt. Für die vergoldete Figur in der Haltung eines griechischen Gottes stand dem Bildhauer Richard Guhr der Dresdner Kraftakrobat Ewald Redam Modell, einer der ungewöhnlichsten Artisten seiner Zeit. 100 Gramm Blattgold umhüllen die Figur. Der Turm ist mit 100,20 m der höchste in der Innenstadt. Von seiner *Aussichtsplattform* bietet sich in 68 m

Rathaus Royal – der Treppenaufgang zu den Festsälen des Neuen Rathauses (1905–10) steht an Eleganz und Schmuck den sächsischen Schlössern nicht nach

Gewandhaus mit Dinglingers Wandbrunnen – wo einst die Tuchhändler ihre Waren anboten, logieren heute Hotelgäste

Höhe ein atemberaubender Blick auf die Stadt, die Flusslandschaft und bei klarer Sicht bis in das Elbsandsteingebirge.

In seiner Jugendstilpracht wieder hergestellt wurde das zu den Festräumen führende *Treppenhaus* mit Wandmalereien von Otto Gussmann. Zwei bronzene Löwen (1910) von Georg Wrba bewachen den Eingang, die vier vergoldeten Gittertüren von Karl Groß verhalfen dem Portalbereich zur Bezeichnung *Goldene Pforte*. Ein weiteres Kunstwerk des Akademieprofessors Wrba bekam seinen Platz vor der Gaststätte ›Ratskeller‹: die Bronzegruppe *›Bacchus auf einem Esel reitend‹* (1910). Der Eselsreiter wurde zur bekanntesten Skulptur Dresdens. Tausende berührten schon die längst blank polierte Zehe von Bacchus, denn das soll die baldige Wiederkehr sichern.

Ebenfalls von Wrba stammt der schlichte **Rathausbrunnen** (1911) an der Westseite des Rathauses. Mit der Plastik **Trümmerfrau** von Walther Reinhold auf dem Rathausplatz wird der Dresdner Frauen gedacht, die in den Nachkriegsjahren die Zerstörungen der Altstadt beseitigten. Die Eisenplastik von 1952 wurde 1968 durch einen Bronzeguss ersetzt.

36 Neues Gewandhaus

Wo einst die Gewandschneider saßen, logieren inzwischen zahlungskräftige Hotelgäste.

Ringstraße 1
Tram 1, 2, 3, 4, 7, 12 und Bus 75 bis Pirnaischer Platz

Im Neuen Gewandhaus, einem Gebäude, das heutzutage die Atmosphäre eines modernen anspruchsvollen Großstadthotels bietet, ist manchmal noch die gleiche Betriebsamkeit wie vor 200 Jahren zu spüren, als hier gehandelt wurde. Im Erdgeschoss befanden sich damals die Fleischbänke, in den Sälen des Obergeschosses boten die Tuchhändler ihre Waren an. Sie gaben dem Haus auch seinen Namen.

Geschichte Das 1768–70 von Johann Georg Schmid und Johann Friedrich Knöbel errichtete Gebäude diente viele Jahre als Lager – bis 1925 die Stadtbank hier einzog. Nach der Zerstörung 1945, bei der nur die Außenwände stehen blieben, erfolgte 1965–67 der originalgetreue Wiederaufbau, das Innere jedoch wurde den Ansprüchen eines DDR-Hotels gemäß umgebaut. Die umfassende Modernisierung des heute von *Radisson SAS* [s. S. 134] genutzten Hauses erfolgte 1995–97.

Besichtigung Im Übergangsstil vom Spätbarock zum Frühklassizismus wurde das Gewandhaus, der bedeutendste städtische Bau nach dem Siebenjährigen Krieg, errichtet. Es besitzt einen dreifenstrigen Mittelrisalit mit schmucklosem Dreiecksgiebel. Über dem Eingangsportal erscheint das Stadtwappen.

An der Nordwestecke des Gewandhauses ist der barocke **Wandbrunnen** beachtenswert. Er konnte aus Resten zusammengefügt werden, die sich in den Trümmern fanden. Der Juwelier Johann Melchior Dinglinger hatte sich diesen schönen Brunnen um 1720 für den Hof seines Wohnhauses in der Frauengasse 9 anfertigen lassen, wo er ebenfalls ein Fenster rahmte.

Am Eckhaus Kreuz- und Ringstraße wurde ein **Fries** mit spielenden Kindern aus der Zeit um 1535 angebracht, der von Christoph Walther I. stammt. Die Reliefs befanden sich am Runderker des zerstörten Hauses Frauenstraße und Neumarkt, das 1629–57 Hofkapellmeister Heinrich Schütz bewohnte.

Innere Neustadt – wo der ›Goldene Reiter‹ paradiert

Über die Augustus- oder die Carolabrücke sind es von der Inneren Altstadt nur wenige Minuten bis zum rechten Elbufer. Dort, an einer Fährstelle, war vor Jahrhunderten jene Siedlung entstanden, die später **Altendresden** genannt wurde. 1685 vernichtete ein verheerender Brand fast alle Gebäude, der Wiederaufbau erfolgte nach Ideen von **Wolf Caspar von Klengel**. Doch da Geld knapp war, konnten manche der ehrgeizigen Bauvorhaben nicht realisiert werden: so z. B. Klengels Plan, eine fürstliche Neustadt mit modernem Residenzschloss zu errichten. Während der ersten Hälfte des 18. Jh. war die Neustadt – wie die Altstadt noch von einer Mauer umgürtet – ein riesiger Bauplatz. Bis zu 2000 Menschen waren oft gleichzeitig mit den Bauarbeiten beschäftigt. Die Innere Neustadt erstreckt sich zwischen Elbe und Albertplatz, zwischen Palaisplatz und Glacisstraße.

37 Blockhaus
Neustädter Wache

Im Stil des Dresdner Barock präsentiert sich das einstige Zollhaus an der Augustusbürcke.

Neustädter Markt 19
Tram 4, 8, 9 bis Neustädter Markt

Wer von der Inneren Altstadt über die Augustusbrücke kommt, sieht linker Hand gleich eine der Sehenswürdigkeiten der Inneren Neustadt, das in den Formen des sächsischen Barock erbaute Blockhaus. Die Bezeichnung entstammt der Festungsarchitektur und bedeutet Riegel. Und als solcher – zur Sicherung der Augustusbrücke und zugleich als Zollhaus – diente das Bauwerk.

Geschichte 1732 begann der Franzose *Zacharias Longuelune* mit der Errichtung jenes Gebäudes, auf dessen pyramidenförmigem Dach das Reiterstandbild Augusts des Starken stehen sollte. Schließlich aber wurden Bau und Funktion modifiziert: Johann Georg Maximilian von Fürstenhoff setzte 1749 noch ein Halbgeschoss auf und das Gebäude wurde 1755 als *Neustädter Wache* vollendet. Das Dachgeschoss kam erst 1892 hinzu. Nach der Kriegszerstörung wurde das Blockhaus 1978–80 im Zustand von 1749 wieder aufgebaut. Heute nutzt es die Landesregierung für Veranstaltungen.

Besichtigung Das wuchtige kubische Gebäude mit einer eingezogenen offenen Bogenvorhalle ist sandsteinverkleidet. Von den nach Plänen Longuelunes in

Sein Name war Berufung – Denkmal des Hofnarren Joseph Fröhlich. Er diente August dem Starken

Der Neustädter Markt am rechten Elbufer prunkt mit dem Goldenen Reiter (1776) und dem Blockhaus (1732), Werk des französischen Architekten Zacharias Longuelune

Dresden errichteten Bauten ist es als einziges erhalten geblieben. Der Baumeister hatte aus seiner Heimat die strengen Formen des Frühklassizismus mitgebracht: jene Monumentalbauten mit durch Lisenen gegliederten Fassaden, die nur wenige Schmuckelemente aufweisen.

Auf der anderen Straßenseite ist die **Bronzefigur des Hofnarren Joseph Fröhlich** (um 1978) von Heinrich Apel sehenswert. Sie wurde dort aufgestellt, wo sich einst das ›Narrenhäusel‹ Fröhlichs (1694–1757) befand, der die Kurfürsten August den Starken und Friedrich August II. bei Laune zu halten wusste.

38 Goldener Reiter

Eines der Wahrzeichen Dresdens: das goldene Denkmal des starken August hoch zu Ross.

Neustädter Markt
Tram 4, 8, 9 bis Neustädter Markt

Im römischen Schuppenpanzer, auf einem kurbettierenden Lipizzaner sitzend, paradiert **August der Starke**, den Blick – so heißt es – nach Polen gerichtet. Das prachtvolle Standbild, volkstümlich Goldener Reiter genannt, hat Hofbildhauer *Jean Joseph Vinache* entworfen, der Kanonenschmied Ludwig Wiedemann trieb es 1732–34 in Kupfer. Bei der Enthüllung 1736 war der Sandsteinsockel noch unvollendet, den stellte Constantin Lipsius erst 1884 fertig.

Ursprünglichen Ideen zufolge sollte das Denkmal zunächst die Elbbrücke schmücken, später das Dach des Blockhauses bekrönen. Schließlich fand es seinen Platz auf dem **Neustädter Markt**. Von ihm haben die Bomben im Februar 1945 nichts übrig gelassen. Heute ist er ein großer Freiraum mit plätschernden Brunnen, darunter den beiden spätbarocken **Nymphenbrunnen** (um 1740) von Benjamin Thomae, die vom 1945 zerstörten Neustädter Rathaus stammen. Dies sind allerdings nicht die Originale; sie waren so stark verwittert, dass man 1938 Kopien anfertigte.

39 Barockhaus
Große Meißner Straße 15

Die barocke Doppelhofanlage ist heute Teil des Hotels The Westin Bellevue.

Tram 4, 8, 9 bis Neustädter Markt

Am Ende des Zweiten Weltkrieges stand das Haus Große Meißner Straße 15 einsam zwischen Ruinen: Als einziges in dieser Straße hatte es die Zerstörung im Februar 1945 unversehrt überstanden. Es ist seltener Zeuge jener Prachtarchitektur, welche die Große Meißner Straße bis zu ihrer Zerstörung auszeichnete.

Geschichte Das Gebäude wurde 1632 erstmals in den Annalen erwähnt. Das Vorderhaus bekam sein bis heute erhaltenes Erscheinungsbild nach dem großen Stadtbrand von 1685. Der Wiederaufbau lag vermutlich in den Händen des späteren Landbaumeisters und Besitzers des Hauses, Matthäus Schumann. Umbau und Erweiterungen – sie betrafen die beiden Gartenhof-Flügel und die Barockfassade – erfolgten 1723–27 durch Johann George Gebhard. Der Dresdner Hof kaufte das Haus 1733 und richtete darin die *Königliche Kanzlei* ein, nach 1945 diente die Anlage als Bürogebäude.

Besichtigung Als 1983 ein japanisches Unternehmen mit dem Bau des Interhotels Bellevue begann, das heute **The Westin Bellevue Dresden** [s. S. 135] heißt, wurde das Haus mit seiner barocken Doppelhofanlage geschickt in den Hotelneubau einbezogen. Die Fassade mit der Vase über dem Tor, den Gehängen und Kartuschen zeigt sich so, wie sie 1723–27 modernisiert worden war.

Rechts neben dem Eingang zum Bankettzentrum des Westin Bellevue informiert eine *Gedenktafel*, dass an dieser Stelle das Geburtshaus des Hofkapellmeisters und Pianisten *Hans von Bülow* (1830–94) stand, dessen Frau Cosima später Richard Wagner heiratete. Von der Elbfront des Hotelparks bietet sich der berühmte *Canaletto-Blick* über die Elbe auf die Altstadt. Hier stand Bernardo Bellotto, gen. Canaletto, im Jahr 1748 mit seinem Skizzenblock. Am Elbufer ist der **Drei-Grazien-Brunnen** (1986) von Vincenz Wanitschke sehenswert: Die drei bronzenen lebensgroßen Frauenfiguren sitzen in anmutiger Haltung auf dem sandsteinernen Beckenrand. Die Bronzeskulptur ›**Die Schöne und das Tier**‹ (1986) stammt von Detlef Reinemer. Dort, wo der Hotelpark in den des Japanischen Palais übergeht, sind an einer kleinen Mauer zwei weitere *Gedenktafeln* angebracht: Eine bezeichnet das Haus, in dem am 23. September 1791 Theodor Körner geboren wurde, und die andere jenes Gebäude, in dem 1786–87 *Friedrich von Schiller* wohnte. Das ideenreiche **Denkmal für Theodor Körner** hat Wolf-Eike Kuntsche im Jahr 1987 aus Bronze, Edelstahl und Naturstein gefertigt.

Die schöne Fassade des Barockhauses gehört heute zum Hotel The Westin Bellevue

40 Japanisches Palais

Landesmuseum für Vorgeschichte und Staatliches Museum für Völkerkunde

Ein Prachtbau am nördlichen Elbufer: das von August dem Starken geplante ›Porzellanschloss‹.

Palaisplatz 11/Große Meißner Straße
Vorgeschichte: Tel. 03 51/8 92 66 03
www.archsax.sachsen.de
tgl. 10–18 Uhr
Völkerkunde: Tel. 03 51/8 14 48 41
www.ses-sachsen.de
Di–So 10–18 Uhr
Tram 4, 9 bis Palaisplatz

Europas Herrscher sollten neidvoll auf Dresden schauen und mit dem ›Porzellanschloss‹ wollte August der Starke etwas Einmaliges schaffen. In dem Vierflügelbau im spätbarock-klassizistischen Stil sollte seine kostbare Sammlung chinesischer, japanischer und Meissener Porzellane prunkvoll dargeboten werden. Doch wie so oft überstieg auch hier das Repräsentationsbedürfnis des Kurfürsten seine finanziellen Möglichkeiten.

Geschichte Hervorgegangen ist das Bauwerk aus dem 1715 errichteten *Holländischen Palais*, sein heutiges Aussehen bekam es 1727–37. Seine Pracht verwundert nicht, denn es waren namhafte Baumeister beteiligt: Matthäus Daniel Pöppelmann, Johann Christoph Knöffel, Zacharias Longuelune und Jean de Bodt.

Im Siebenjährigen Krieg wurde das Gebäude als Speicher genutzt. 1786–1945 beherbergte es die Königliche, die spätere *Sächsische Landesbibliothek* [Nr. 72], zeitweise befanden sich hier auch die Münzsammlung, das Antikenkabinett und die Porzellansammlung. Das Bauwerk brannte 1945 aus, nach der Wiederherstellung zogen die Museen für Vorgeschichte und Völkerkunde ein.

Besichtigung Die sandsteinverkleidete vierflügelige Anlage ist einem Schloss ebenbürtig. Über dem ansonsten klassi-

Porzellanschloss – das Japanische Palais, eines der ehrgeizigen Bauprojekte Augusts des Starken, widmet sich heute der Vorgeschichte und der Völkerkunde

zistischen Gebäude ragen Kupferdächer im japanischen Stil auf. An das von August dem Starken geplante Porzellanschloss erinnert das figurale **Giebelrelief** (1733) von Benjamin Thomae über der Eingangshalle: Asiaten und Europäer überreichen der thronenden ›Saxonia‹ Porzellangefäße. Der rechteckige **Innenhof** ist mit 24 als Chinesen charakterisierten *Hermen* aus Sandstein von Johann Christian Kirchner geschmückt. Sehenswert ist auch das **Treppenhaus** des Stadtflügels mit riesigen asiatischen *Atlanten* an den Aufgängen. Interessant sind außerdem die Säle im Erdgeschoss, die Gottfried Semper 1836 im Stil pompejanischer Wandmalerei ausmalen ließ.

In den Räumen des Japanischen Palais beheimatet sind das **Landesmuseum für Vorgeschichte** mit seinen faszinierenden Fundstücken zur Archäologie Europas

Asiatischer Atlant in anmutiger Kraftpose

von vor 250 000 Jahren bis in die frühe Neuzeit und das 1875 als drittes seiner Art in Deutschland gegründete **Staatliche Museum für Völkerkunde** mit über 80 000 Exponaten aus Westafrika, Südamerika, Nord- und Südostasien, Indonesien und Ozeanien.

Reizvoll ist auch der barocke **Palaisgarten** auf der Elbseite mit dem bronzenen *Denkmal für König Friedrich August I., den Gerechten* (1843). Der König (1750–1827) wird mit Buch und Zepter in der Haltung des Gelehrten dargestellt. Es ist das erste Monumentalwerk *Ernst Rietschels*, der später mit solch hervorragenden Denkmälern wie dem für Goethe und Schiller in Weimar, für Luther in Worms und Lessing in Braunschweig hervortrat. Die Pläne für das Postament lieferte Gottfried Semper.

Schräg gegenüber, an der westlichen Ecke des Palaisplatzes, steht das klassizistische **Torhaus** (1827–29), das seit einiger Zeit auf eine neue Nutzung wartet. Gottlob Friedrich Thormeyer erbaute es anstelle des Weißen oder Leipziger Tores, denn selbst in der nach dem Wiener Kongress von Festigungsanlagen entkleideten Stadt erfolgten noch Torkontrollen.

41 Königstraße

Eines der letzten Bauvorhaben Augusts des Starken erstrahlt in neuem Glanz.

Tram 4, 9 bis Palaisplatz und Tram 3, 6, 7, 8, 11 bis Albertplatz

Der Kurfürst selbst gab seinem Oberlandbaumeister Pöppelmann die Anweisungen und Richtlinien für die Gestaltung der 1724–32 angelegten Straße. Sie gilt als das letzte Bauvorhaben, das August der Starke wesentlich beeinflusste, ihren Namen trägt sie also zu Recht. Während der DDR-Zeit wurde diese 340 m lange und 30 m breite Straße leider völlig vernachlässigt. Eines der besten Beispiele für ein historisches Gebäude, das unter denkmalpflegerischen Gesichtspunkten wieder hergestellt wurde, ist das Haus **Nr. 5 a**. Benannt wurde es nach Philipp Daniel Lippert, Professor an der Kunstakademie und Verwalter der dortigen Antikensammlung, der das Haus 1775 als Alterssitz erworben hatte. Ab 1978 kaum mehr genutzt, war es dem Verfall preisgegeben. Vier Jahre nach der Wiedervereinigung war es das erste Gebäude der Königstraße, das wieder in alter Pracht erstrahlte. Mit der ursprünglichen Farbigkeit und der zurückhaltend barocken, beinah klassizistischen Fassadengestaltung verbreitet es eine festliche Atmosphäre.

Baugeschichtlich wertvoll sind auch die Häuser **Nr. 10** und **Nr. 12**, deren lange Hofanlagen bis zur Rähnitzgasse 25 bzw. 27 führen. Die Häuser **Rähnitzgasse 8** und **10** sind vermutlich die ältesten Gebäude in diesem Bereich, wahrscheinlich wurden bei dem Stadtbrand 1685 nur die Fachwerk-Obergeschosse zerstört, während die massiven Erdgeschosse stehen blieben. Rähnitzgasse 8 ist nach den Akten bereits 1687 wieder aufgebaut worden, Rähnitzgasse 10 – wie über der Haustüre zu lesen – erst 1788.

Durch die Nieritzstraße erreicht man die Theresienstraße, wo an der Ecke zur Robert-Blum-Straße das **Nieritzdenkmal** (1876–78) steht. Die Marmorbüste stammt von Gustav Kietz, einem Schüler von Ernst Rietschel. Der Dresdner Jugendschriftsteller Karl Gustav Nieritz (1795–1876) gehört zu jenen Lieblingen vergangener Tage, die inzwischen in Vergessenheit geraten sind.

42 Hauptstraße

Fußgängerboulevard mit Bürgerhäusern, Blumenbeeten, Plastiken und Brunnen.

Tram 4, 8, 9 bis Neustädter Markt und Tram 3, 6, 7, 8, 11 bis Albertplatz

Die Dresdner lieben die in den Jahren 1974–79 zum Boulevard umgestaltete Hauptstraße der Inneren Neustadt. In der Mitte stehen alte Platanen, die an heißen Sommertagen Schatten spenden, dazwischen liegen Rasenflächen mit Barock-Statuen, Brunnen und Bänken zum Ausruhen. Auf der Westseite stehen die denkmalgeschützten Bürgerhäuser, auf der Ostseite Plattenbauten aus der DDR-Zeit mit zahlreichen Geschäften. Um ihren einst angestrebten Charakter als ›Via triumphalis‹ zu unterstreichen, wurden am Anfang der Hauptstraße, die bis 1990 Straße der Befreiung hieß, 25 m hohe bronzene *Fahnenmastanlagen* mit Balustraden und Ruhebänken aus schwedischem Granit aufgestellt. Sie bilden eine Art Freundschaftsdenkmal, das nach dem Dresden-Besuch von *Kaiser Wil-*

Die hübsche Hauptstraße mit dem Kügelgenhaus (Mitte)

helm I. im Jahr 1882 entstand. Als Vorbild dienten Heinrich Epler die 1505 von Alessandro Leopardi geschaffenen Masten auf dem Markusplatz in Venedig.

Als geschichtsträchtiges Gebäude gilt das **Kügelgenhaus** (Nr. 13). In dem 1765–70 umgestalteten Gebäude wohnte ab 1808 der Maler Gerhard von Kügelgen (1772–1820) mit seiner Familie. Hoch oben unter der Traufe ist in großen Buchstaben zu lesen: »An Gottes Segen ist alles gelegen«, weshalb Sohn Wilhelm (1802–1867) in seinem Buch ›Jugenderinnerungen eines alten Mannes‹ vom *Gottessegenhaus* schrieb. Von einem der Fenster beobachtete im Jahr 1813 Johann Wolfgang von Goethe den Einzug der russischen und preußischen Regimenter, die dem besiegten Napoleon auf den Fersen folgten. Der erste Stock beherbergt heute das **Museum zur Dresdner Romantik im Kügelenhaus** (Tel. 03 51/8 04 47 60, http://stadtmuseum.dresden. de, Mi–So 10–18 Uhr). Es dokumentiert Leben und Wirken der Romantiker Kügelgen, Christian Gottfried Körner und Caspar David Friedrich.

Im Haus **Nr. 17** wohnten der Bildhauer *Benjamin Thomae* und sein Schüler und Schwiegersohn *Gottfried Knöffler*. Hinter dem Haus Nr. 19 befindet sich das 1999 wieder eröffnete **Societaetstheater**. Es war bei seiner Gründung 1779 das erste bürgerliche Theater Dresdens. In den barocken Bürgerhäusern Nr. 9–19 befindet sich seit 2002 die **Kunsthandwerker-Passage**. Hierfür wurden Durchgänge saniert und Innenhöfe freigelegt.

Kunterbunte Warenwelt – die 1899 eröffnete Neustädter Markthalle ist wieder in Mode

An der Ecke zur Metzer Straße lockt die 1899 eröffnete **Neustädter Markthalle**. Nach der Kriegszerstörung wurde der Gründerzeitbau nur teilweise rekonstruiert, seit Ende der 1990er-Jahre erstrahlt er wieder im alten Glanz. Die Halle lockt mit allerlei Läden und seit 2003 mit dem **Automobilmuseum** (Metzerstr. 1, Tel. 03 51/8 11 38 60, www.automobilmuseum-dresden.de, tgl. 10–19 Uhr), das 120 Automobile und Zweiräder aus der Zeit von 1945 bis 1990 zeigt.

43 Dreikönigskirche

Von 1990 bis 1993 tagte in dem Gotteshaus der Sächsische Landtag.

Hauptstraße 23
Tram 3, 6, 7, 8, 11 bis Albertplatz

›Sächsische Paulskirche‹ heißt der Sakralbau im Volksmund, denn in der Dreikönigskirche beriet – ähnlich wie die Nationalversammlung 1848 in der Frankfurter Paulskirche – drei Jahre lang der Sächsische Landtag.

Geschichte Den ersten Kirchenbau von 1404 äscherte der große Stadtbrand 1685 ein. Die Gemeinde ließ die Kirche wieder errichten, ihr Standort passte aber August dem Starken nicht: Das Gotteshaus versperrte ihm den Blick auf die entstehende Allee vom Blockhaus nach Norden zum damaligen Schwarzen Tor. Der Kurfürst ließ die Kirche abreißen und auf Staatskosten etwa 200 m entfernt wieder errichten (1732–39). Der 87,50 m hohe Turm kam erst 1854–57 hinzu. Nach ihrer Zerstörung im Zweiten Weltkrieg wurde die Kirche bis 1990 erneuert. Mangels anderer geeigneter Räumlichkeiten konstituierte sich in ihr am 27. Oktober 1990 der erste Sächsische Landtag nach der Wiedervereinigung.

Besichtigung Der Sakralbau – heute als ›Haus der Kirche‹ genutzt – zeigt sich äußerlich so, wie ihn einst *George Bähr* und *Matthäus Daniel Pöppelmann* schufen. Das Innere wurde dem heutigen Nutzungszweck angepasst. Im stark verkleinerten Kirchenraum steht der Torso des **Barockaltars** (1741), ein Werk von Benjamin Thomae. 1945 verbrannten nicht nur die Holzteile des Altars, auch der Sandstein spaltete sich. Die Gemeinde entschied, den Altar nicht zu restaurieren, sondern ihn als Kriegsruine und Mahnmal für kommende Generationen zu erhalten. Unter der Orgelempore ist ein wichtiges Kunstwerk der Renaissance angebracht: Das 12,47 m lange und 1,22 m hohe Relief des **Totentanzes** (um 1535) von Christoph Walther I. Darstellung und Inschriften ermahnen den Betrachter an die Vergänglichkeit des Lebens. Der Tod erscheint als Anführer eines Reigens todgeweihter geistlicher und weltlicher Würdenträger. Das einst farbig gestaltete Werk schmückte das Georgentor bis zu dessen Neuerrichtung 1889–1901, danach kam es auf den Neustädter Friedhof und von dort 1990 hierher.

44 Albertplatz

TOP TIPP *Sternförmig gehen zehn Straßen von diesem Platz ab, der auch an Erich Kästner erinnert.*

Tram 3, 6, 7, 8, 11 bis Albertplatz

Der heutige Verkehrsmittelpunkt der Neustadt, der zu DDR-Zeiten den Namen Platz der Einheit trug, entstand um 1817. Benannt ist der Rundplatz nach König Albert, der Sachsen 1873–1902 regierte. An seiner Nordseite steht – vor den in den 1950er-Jahren errichteten Häusern mit dem ›Café Kästner‹ – das bronzene **Erich Kästner Denkmal** (1987) von Wolf-Eike Kuntsche. Der von den Nationalsozialisten mit Schreibverbot belegte Autor bekennt in seinem Buch ›Als ich noch ein kleiner Junge war‹: »Ich bin ein Deutscher aus Dresden in Sachsen«. Erich Kästner war im nahen Haus Königsbrücker Straße 66 geboren worden. Später wohnte seine Familie in den Häusern Nr. 48 und 38. In seinen Büchern verarbeitete Kästner vielfach Kindheitserlebnisse. So erwähnt er im ersten Kapitel von ›Emil und die Detektive‹ die **Bäckerei Wirth**, die noch heute unter dem Namen *Eberhard Rißmann* in der Königsbrücker Straße 32 existiert. Seit 1999 gibt es am Albertplatz ein weiteres *Kästner-Denkmal*, eine Bronzeskulptur des Ungarn Máthyas Varga: Der Schriftsteller hockt als kleiner Junge auf der Mauer bei der *Villa Augustin*, in deren Garten er einst spielte. In der Villa bietet das kleine **Erich Kästner Museum Dresden** (Antonstr. 1, Tel. 03 51/8 04 50 86, www.erichkaestner-museum.de, So–Di 10 –18 Uhr, Mi 10–20 Uhr) Einblicke in die Welt des Dichters.

Die Grünanlagen des Albertplatzes ziert eine der schönsten Brunnenanlagen

Den Artesischen Brunnen am Albertplatz ziert ein eleganter Rundtempel

(1894) Dresdens, Robert Diez ist der Schöpfer: Auf der Ostseite steht der Brunnen ›**Stille Wasser**‹ und auf der Westseite seit Herbst 1994 – nach der Restaurierung der Kriegsschäden – die Gruppe ›**Stürmische Wogen**‹. Südlich davon, am Übergang zur Hauptstraße, erhebt sich das

Kästners Kindheit in Dresden – Denkmal am Albertplatz für den beliebten Schriftsteller

Schillerdenkmal (1913), eine antikisierende Statue aus weißem Marmor von Selmar Werner. Die *Reliefs* an der Innenseite der dazugehörigen Marmorumfriedung zeigen Szenen aus Schillers bekanntesten Werken. An der Ecke zur Königbrücker Straße steht der **Artesische Brunnen** mit seinem tempelartigen Brunnenhäuschen, dem *Tempietto* (1906) von Hans Erlwein. Das Quellwasser kommt aus einer Tiefe von 243,50 m und wird über eine Rohrleitung vom *Bohrloch* neben dem Hochhaus (zu erkennen an einem kleinen Häuschen mit Pyramidendach) in das Brunnenhaus geleitet. 1928/29 pilgerten viele Dresdner zum Albertplatz, um das erste **Hochhaus** ihrer Stadt zu bestaunen, das im Auftrag der Sächsischen Staatsbank an der Nordwestseite des Platzes in die Höhe wuchs. Das von *Hermann Paulick* in Stahlskelettbauweise errichtete Gebäude hat eine Höhe von 40 m und die für heutige Verhältnisse bescheidene Zahl von elf Geschossen. An der Ecke zur Georgenstraße ist die neobarocke **Villa Eschebach** (1901) des Küchenmöbel-Fabrikanten Eschebach bemerkenswert, die 1945 zerstört wurde und sich seit 1997 in alter Pracht präsentiert.

Nordwestlich vom Albertplatz, am *Schlesischen Platz*, liegt der **Neustädter Bahnhof**, von dem am 1. März 1901 der erste Zug auf die Reise geschickt wurde. Das Empfangsgebäude mit der 143 m langen Bahnhofshalle hat sich bis auf den heutigen Tag nicht verändert. Der mit Sandstein verkleidete schlichte Bau von Osmar Dürichen vereint klassizistische Elemente mit denen des Jugendstils. Erbaut wurde er an einer für die deutsche Eisenbahngeschichte bedeutenden Stelle: Der nahe und partiell erhaltene *Leipziger Bahnhof* (Eisenbahnstraße 1) war Teil der ersten, im Jahr 1839 eröffneten Ferneisenbahnstrecke Deutschlands zwischen Leipzig und Dresden. Seit 2002 befindet sich in der Neustädter Bahnhofshalle das zweitgrößte *Wandbild* aus 753 Meissener Porzellanplatten. Das 24,50 m lange und 7,70 m hohe Bild zeigt in Form einer Collage 21 Darstellungen von Schlössern, Burgen und Gärten in Sachsen.

So lebten die Lausitzer Weber im 18. Jh., Museum für Sächsische Volkskunst, Jägerhof

45 Jägerhof

Museum für Sächsische Volkskunst

Zauberhafte sächsische Volkskunsterzeugnisse in einem der ›Sieben Wunder Dresdens‹.

Staatl. Kunstsammlungen Dresden
Köpckestraße 1
Tel. 03 51/4 91 46 19
www.skd-dresden.de
Di–So 10–18 Uhr
Tram 3, 7, 8 bis Carolaplatz

Der Jägerhof wurde im 18. Jh. als eines der ›Sieben Wunder Dresdens‹ gepriesen. Zu diesen Wundern gehörten Augustusbrücke, Zwinger, Zeughaus (Albertinum), Stallhof (Johanneum), Japanisches Palais und »die in aller Welt berühmte Kunstkammer« – die Gemäldegalerie sowie das Grüne Gewölbe.

Geschichte Den Jägerhof ließ Kurfürst August ab 1568 an der Stelle des abgetragenen Augustinerklosters errichten. Das Gebäude diente der kurfürstlichen Jagd und ab 1830 war es für einige Jahrzehnte Kavalleriekaserne. Nach 1877 wurden die meisten Gebäudeteile abgetragen, nur der älteste Flügel (1617) blieb erhalten. In diesen Westflügel zog das Museum für Sächsische Volkskunst ein, das 1897 als eines der ersten seiner Art in Deutschland entstanden war.

Besichtigung Der Jägerhof, ein lang gezogener Bau im Renaissancestil mit drei Treppentürmen, gehört zu den wenigen erhaltenen Zeugen dieser Epoche in Dresden. Das **Museum für Sächsische Volkskunst** gibt hier Einblick in die reiche volkskünstlerische Tradition Sachsens, besonders der Regionen Lausitz, Erzge-

Am Neustädter Königsufer, im kolossalen ehem. Gesamtministerium an der Albertbrücke, residiert heute Sachsens Ministerpräsident

birge und Vogtland. Zu den wichtigsten Beständen zählen farbig dekorierte *Möbel*, Hausrat aus vorindustrieller Zeit (Erzeugnisse der Schmiede, Drechsler, Gelb- und Zinngießer, der Töpfer und Glasmacher) sowie *Blaudrucke*, Klöppelspitzen und verschiedenartige *Stickereien*. Umfangreich ist die Sammlung von Volkskunsterzeugnissen der *Spielzeugmacher* aus dem Erzgebirge.

Vor dem Eingang steht die Sandsteinskulptur eines *Jägers* in der Hofkleidung des frühen 17. Jh. Sie erinnert an die einstige Funktion des Gebäudes. Der *Keramikbrunnen* (1979) an der Westseite des Jägerhofes stammt von Eva Peschel.

46 Staatskanzlei
ehem. Gesamtministerium

Von diesem monumentalen Bauwerk am Neustädter Elbufer aus wird Sachsen regiert.

Archivstraße 1
Tram 3, 7, 8 bis Carolaplatz

Am Königsufer, direkt an der Elbe, sowie um den Carolapaltz residieren Sachsens Ministerpräsident, der Chef der Staatskanzlei sowie der Finanz-, der Kultus-, der Justiz- und der Innenminister in historischen Gebäudekomplexen.

Das *ehem. Gesamtministerium*, heute Sitz der **Staatskanzlei**, zeichnet sich durch den breiten *Turmaufbau* aus, von dessen Spitze eine goldene Königskrone weithin leuchtet. Der aufgeblähte Verwaltungsapparat verlangte Ende des 19. Jh. nach Räumlichkeiten. Deshalb entstand 1900–06 am Neustädter Elbufer das mit Sandstein verkleidete Bauwerk mit vier risalitartig vorgezogenen Ecken. Edmund Waldow und Heinrich Tscharmann entwarfen den voluminösen Protzbau des Gesamtministeriums, bei dem sie Elemente des Neobarock und des Jugenstils einsetzten.

Gegenüber erstreckt sich das zweite wuchtige Ministerialbauwerk, das in den Jahren 1890–96 von Otto Wanckel und Otto Reichelt errichtete **Finanzministerium**. Auch heute beherbergt es Sachsens oberste Finanzbehörde sowie das **Kultusministerium**. Den Giebel der Elbseite ziert ein Wandbild mit dem Thema ›Geld‹ (1896) von Historienmaler Anton Dietrich.

Zwischen beiden Bauwerken liegt der **Carolaplatz**, an dem der weltberühmte *Zirkus Sarrasani* sein 1945 ausgebranntes und später abgetragenes Winterhaus hatte, das 4000 Zuschauern Platz bot. In dem Rundbau war im November 1918 die Republik ausgerufen worden. Vom Carolaplatz führt die Albertstraße zum **Staatsarchiv** (1911–15) von Heinrich Koch, einem sachlichen Dreiflügelbau mit großen Glasfensterbahnen.

Die 316 m lange **Albertbrücke** mit Austritten auf den Pfeilerköpfen und einem mit Ornamenten versehenen Geländer aus Gusseisen entstand 1875–77 in Sandstein. Die östlichste der vier Elbbrücken im Zentrum, von Karl Manck projektiert, besitzt 14 Bogen, davon vier Fluss- und jeweils fünf Landbogen.

Der **Staudengarten** elbabwärts wurde ab 1934 als Teil des Königsufers angelegt, seine Zierde bildet der bronzene *Bogenschütze* (1902) von Ernst Moritz Geyger, von dem eine Kopie aus Kupfer im Park von Schloss Sanssouci in Potsdam steht.

Am linken Elbufer um die Innere Altstadt – Gärten, Grafik und die Frau aus Glas

Als Anfang des 19. Jh. die Festungsanlagen fielen, breitete sich Dresden ungehindert aus. Beispielsweise entstand 1835 aus sechs Gemeinden die *Wilsdruffer Vorstadt*. Auf unbebautem Gelände wuchsen Wohnviertel heran, so südlich des späteren Hauptbahnhofes – später kurz **Südstadt** genannt. Dörfer wie Striesen und Strehlen wurden 1892 eingemeindet und bekamen städtisches Aussehen, ebenso wie Plauen, das seit 1903 zu Dresden gehört. Andere Gebiete, so Blasewitz und Tolkewitz, wählten sich Wohlhabende zum Wohnsitz. Hier ließen sie sich ihre Villen errichten. Entlang der Eisenbahnlinie nach Prag entwickelten sich Industriestandorte, dazwischen wuchsen zu DDR-Zeiten große im schlichten Plattenbau errichtete *Wohnsiedlungen*, mit deren Sanierung bald nach der Wiedervereinigung begonnen wurde.

47 Messe Dresden

ehem. Schlachthof

Das Musterbeispiel historischer Industriearchitektur wurde zum Messezentrum.

Schlachthofring
www.messedresden.de
Tram 1, 2, 4, 6, 8, 9, 11, 12 , 47und Bus 94 bis Postplatz, dann Bus 82 bis Messe Dresden

Zu Beginn des 20. Jh. war die aus 68 Gebäuden bestehende Anlage Deutschlands modernster und größter **Schlachthof**. 550 Rinder, 2500 Schweine und mehr als 3000 Kälber und Schafe konnten hier täglich geschlachtet werden. International bekannt machte dieses Musterbeispiel historischer deutscher *Industriearchitektur* Kurt Vonneguts Bestseller ›Schlachthof 5‹. Der junge amerikanische Kriegsgefangene Vonnegut hatte in einem Keller des Dresdner Schlachthofes die verheerenden Bombardements vom Februar 1945 überlebt.

Der Architekt Hans Erlwein errichtete die Schlachthof-Gebäude in den Jahren 1906–12 auf einem künstlich aufgeschütteten halbinselfömigen Terrain. Die heute denkmalgeschützten Bauten ließ er mit Jugendstilelementen verzieren. Im Jahr 1945 wurden Teile der Anlage schwer beschädigt, beim Wiederaufbau ließ man dann leider viele historische Details außer Acht. Nachdem Volkswagen seine Gläserne Manufaktur [Nr. 60] am bisherigen Messestandort Straßburger Platz errichtet hatte, wurde das einstige Schlachthofgelände zum Domizil der im September 1999 eröffneten **Messe Dresden**. Die alten Gebäude wurden durch moderne Bauten ergänzt, für die der Dresdner Architekt Walter Kaplan verantwortlich zeichnete, darunter ist die neue Messehalle 1 von 2001, die auch für kulturelle Veranstaltungen genutzt wird.

Die Messe liegt im **Großen Ostragehege**, dessen Name aus dem Altsorbischen stammt und Flussinsel bedeutet. Ende des 17. Jh. diente das Gebiet August dem Starken als Wildpark. Wie es damals hier aussah, hat Caspar David Friedrich in seinem Gemälde ›Das Große Gehege bei Dresden‹ (1832) dokumentiert, das in der Gemäldegalerie Neue Meister [Nr. 23] hängt.

Der nahe **Ostra Sportpark** mit Stadion und Eissporthalle entstand 1968–72. Weiter westlich befindet sich der **Elbhafen** (1890–95), der mit einer Länge von 1110 m zu den größten deutschen Binnenhäfen gehört. Und südwestlich von hier trifft man im Stadtteil Cotta auf die **Heilandskirche**, einen monumentalen Zentralbau (1914–27) von Rudolf Kolbe.

48 Zigarettenfabrik Yenidze

Ein Industriedenkmal und Dresdens originellstes Wahrzeichen.

Magdeburger Straße
Bus 82 bis Heinz-Steyer-Stadion

Kurz vor der Marienbrücke, unmittelbar an der Eisenbahnlinie, verbreitet die frühere Zigarettenfabrik Yenidze (1909–12) orientalisches Flair. Benannt wurde sie nach einem nordgriechischen, damals noch türkischen Tabakbauerndorf. Zigarettenfabrikant Hugo Zietz hatte die pfiffige Idee, seinen Fabrikneubau in Form einer *Moschee* und den Schornstein als *Minarett* zu gestalten. Der Grund dafür waren die Bauvorschriften, die verboten, Industrieanlagen mit hohen Schornsteinen zu errichten, welche die Silhouette der Kunst- und Residenzstadt Dresden verschandelt hätten. Das Bauwerk erinnert an jene Zeit, als Dresden das Mekka der deutschen Zigarettenindustrie war. 1862 war hier die erste Zigarettenfabrik Deutschlands gegründet worden.

Die Anlage ist einer der frühesten *Stahlskelettbauten*, die bemerkenswerte *Fassade* hat Architekt Martin Hammitzsch lediglich vorgeblendet. Die orientalische **Glaskuppel** mit 17 m Durchmesser ließ er vielfarbig verglasen. Nach der Zerstörung im Zweiten Weltkrieg erhielt die Kuppel nur eine einfarbige Verglasung. 1996 konnte die nach denkmalpflegerischen Grundsätzen erfolgte Restaurierung beendet werden, die Glaskuppel bekam ihre Vielfarbigkeit zurück und wird nachts von innen beleuchtet. Die Yenidze dient heute u. a. als Veranstaltungsort, in der Kuppel befindet sich ein Restaurant.

49 Alter Katholischer Friedhof

Sachsens bedeutendster katholischer Gottesacker.

Friedrichstraße 54
Bus 94 bis Krankenhaus Friedrichstadt

Auf dem 1720 angelegten Alten Katholischen Friedhof mit seinen im Stil des Barock, Rokoko oder Klassizismus gestalteten Grabmälern fanden viele Berühmtheiten ihre letzte Ruhestätte, deren Namen eng mit Dresden verbunden sind, unter ihnen der Bildhauer Balthasar Permoser (1651–1732), die Maler Gerhard von Kügelgen (1772–1820) und Giovanni Battista Casanova (1728–1795), Bruder des bekannten Abenteurers. Begraben wurden hier auch Feldmarschall Johann Georg Chevalier de Saxe (1704– 1774), der Sohn Augusts des Starken und seiner Mätresse Ursula Catharina Fürstin von Lubomirska. Ebenso fand auf diesem Friedhof Johann

Inkognito: Die Zigarettenfabrik Yenidze (1909–12) tarnte sich als Moschee

Georg von Sachsen (1869–1938), Bruder des letzten sächsischen Königs, seine letzte Ruhestätte. Das Grabmal für *Carl Maria von Weber*, welches sich hinter der Friedhofskapelle befindet, schuf Gottfried Semper. Der Komponist musste wenige Wochen nach der Uraufführung seiner Oper ›Oberon‹ 1826 in London den Taktstock für immer aus der Hand legen. Sein Tuberkuloseleiden hatte ihn, erst 40 Jahre alt, besiegt. 18 Jahre später wurde seine sterbliche Hülle auf Veranlassung Richard Wagners von England nach Dresden überführt. *Permosers* selbstgeschaffenes Grabmal steht in der Friedhofskapelle und kann leider nicht besichtigt werden.

Ganz in der Nähe, im Haus **Friedrichstraße 46**, wohnte 1842–70 Johann Andreas Schubert, Konstrukteur der ersten Elbe-Personendampfschiffe. 1843–48 lebte dort August Röckel, Musikdirektor der Hofoper. Röckel musste seine Teilnahme an der Revolution 1848/49 hart büßen, er verbrachte 13 Jahre Haft auf der Festung Königstein sowie im Zuchthaus Waldheim. Im Nachbarhaus **Nr. 44** kam 1803 Adrian Ludwig Richter zur Welt, Zeichenlehrer der Meissener Porzellanmanufaktur und Professor an der Dresdner Kunstakademie. Richter war schon zu Lebzeiten so angesehen, dass er im berühmten Fürstenzug [Nr. 30] verewigt wurde. Auf dem nahen **Neuen Katholischen Friedhof** an der Bremer Straße wurde er 1884 beigesetzt.

50 Palais Brühl-Marcolini

Zwei Dresdner Politiker gaben dem Palais das Aussehen und ihre Namen.

Friedrichstraße 41
Bus 94 bis Krankenhaus Friedrichstadt

Schon Napoleon und Richard Wagner scheint das Palais gefallen zu haben, sonst hätten sie wohl kaum hier gewohnt. Der Franzose quartierte sich im Sommer 1813 im *Chinesischen Zimmer* ein, Richard Wagner wohnte 1847–49 im zweiten Stock des Ostflügels. Benannt ist das 1727 entstandene Palais nach seinen beiden Bauherren, die Sachsens Politik mitbestimmten: *Heinrich Graf von Brühl* (1700–1763), Premierminister von Kurfürst Friedrich August II., und *Graf Camilo von Marcolini* (1739–1814), Kabinettsminister von König Friedrich August I. Der italienische Graf erwarb 1774 das dreiflügelige barocke Palais mit der imposanten Länge von 200 m und ließ es durch Johann Daniel Schade klassizistisch um- und ausbauen. 1845 kaufte es die Stadtverwaltung und richtete darin ein Hospital ein, das heutige **Krankenhaus Friedrichstadt**. Seitdem erfolgten zahlreiche Veränderungen.

An der südlichen Umfassungsmauer (innerhalb des Krankenhausgeländes) sieht man den schönen barocken **Neptunbrunnen** (1741–44). Mit einer Breite von über 40 m und reichem figuralen Schmuck stellt er die bedeutendste Brunnenanlage Dresdens dar. Den Entwurf für die Sandsteinarbeit fertigte Zacharias Longuelune, die bildhauerischen Arbeiten stammen von Lorenzo Mattielli.

Neben dem Palais Brühl-Marcolini hat Oberlandbaumeister Matthäus Daniel Pöppelmann die schlichte **Matthäuskirche** (1728–30) erbaut, in deren Gruft er 1736 beigesetzt wurde. Die 1945 ausgebrannte Kirche bekam 1978 eine moderne Innenausstattung. Hinter dem Gotteshaus findet man den 1725 angelegten **Inneren Matthäusfriedhof**, der evangelische Gottesacker der Friedrichstadt. Hier liegen illustre Persönlichkeiten wie der Professor der Technischen Bildungsanstalt, Johann Andreas Schubert (1808–1870), oder Wilhelm Walther (1826–1913), der Schöpfer des Fürstenzuges, begraben.

◁ *Napoleon übernachtete 1813 im Chinesischen Zimmer – das Palais Brühl-Marcolini (1727) dient heute als Krankenhaus*

51 World Trade Center

Modernes Handels-, Büro- und Kommunikationszentrum mit glasüberdachter Einkaufsstraße.

Freiberger-, Ammon-, Materni- und Rosenstraße
Tram 7, 10, 12, 47 bis Freibergerstraße

Büros und ein Festsaal, zahlreiche Einkaufsmöglichkeiten, ein Theater, die zentrale Stadtbibliothek, ein 235-Zimmer-Hotel und verschiedene gastronomische Einrichtungen – all das bietet das moderne, im Jahr 1996 fertig gestellte World Trade Center (WTC). Die Entwürfe für den Gebäudekomplex mit hübschen, gartenarchitektonisch gestalteten Innenhöfen und Außenanlagen stammen von den Architekten Wolfgang Nietz, Alf M. Prasch und Peter Sigl.

Die sechs- bis neungeschossigen Gebäudetrakte mit *Sandsteinfassaden* und vielen verglasten Segmenten werden überragt von einem sechzehngeschossigen **Turm**. Er hat eine Höhe von 60 m, der Durchmesser beträgt 28 m. Architektonisches Kernstück des Centers ist die **Mall**, eine glasüberdachte 120 m lange und 23 m hohe Einkaufsstraße, die als *Erlebnis- und Entspannungszone* konzipiert wurde. Die Tiefgarage hat Raum für 1000 Autos.

Das World Trade Center bietet Büro-Service modernster Art. Die Dresdner WTC-Einrichtung ist eine von über 240 regionalen Zentren in 62 Ländern, die im WTC-Netzwerk organisiert sind.

Die Innenwelt der Außenwelt – das Dresdner World Trade Center lädt mit seiner begrünten Mall zum Flanieren und zum Shopping ein

52 Annenkirche

Ähnlichkeiten mit der Frauen-, der Kreuz- und der Dreikönigskirche sind nicht zufällig.

Annenstraße
Tram 12 bis Alfred-Althus-Straße

Die Annenkirche weist architektonische Parallelen zur Kreuzkirche auf. Aber auch Ähnlichkeiten mit der Frauen- und der Dreikönigskirche von George Bähr sind zu erkennen. Der Grund für diese stilistische Verwandtschaft: Der Baumeister Johann Georg Schmid, welcher den Neubau der Annenkirche übernahm, war Schüler von George Bähr.

Geschichte Als erster evangelischer Kirchenneubau Dresdens wurde die Annenkirche 1578 geweiht. Im Siebenjährigen Krieg zerstörten preußische Truppen den Sakralbau völlig, der Wiederaufbau erfolgte 1764–69 zeitgleich mit dem der Kreuzkirche. 1945 erlitt die Annenkirche schwere Schäden, konnte aber bereits fünf Jahre später wieder für Gottesdienste genutzt werden. Die ebenfalls kriegszerstörte Haube wurde dem Turm erst 1997 wieder aufgesetzt.

Besichtigung Die spätbarocke Kirche besitzt einen rechteckigen Grundriss mit *Treppenanlagen* in den Ecken. Die zwölf mit Rundbogen verbundenen Pfeiler bilden ein von dreigeschossigen Emporen umgebenes Oval. Der 57 m hohe **Turm** ist der einzige in Dresden, der sich im klassizistischen Stil präsentiert. Er wurde 1822–24 nach Plänen von Gottlob Friedrich Thormeyer errichtet. Benannt wurde der Sakralbau nach der Kurfürstin Anna, Gemahlin von Kurfürst August.

53 Prager Straße

Ein auf dem Reißbrett konzipiertes großflächiges Bauensemble.

Tram 3, 7, 8, 10, und S1, S2, S3 bis Dresden Hauptbahnhof

Die alte Prager Straße mit ihren Dutzenden von Geschäften, Kaufhäusern, Cafés, Varietés, Kinos war Dresdens prachtvolle Flaniermeile. Bei der Bombardierung im Februar 1945 wurde jedes Haus zerstört – und keines wieder errichtet. Anstelle der historischen Bebauung entstand eine **Fußgängerzone**, die bei der Hochwasserkatastrophe 2002 besonders schwere Schäden erlitt und 2004 neu gestaltet wurde. In Höhe des ibis-Hotels Bastei wurden zur Erinnerung an den Beginn der friedlichen Revolution in der DDR im Herbst 1989 Granitplatten mit dem Schriftzug ›8. Oktober 1989‹ eingesetzt. An diesem Tag hatte sich eine Gruppe Bürgerrechtler zusammengeschlossen.

Geschichte 1851 wurde die Prager Straße als Verbindung zwischen Altmarkt und Wiener Platz angelegt, nach 1880 entwickelte sie sich zur belebtesten und glanzvollsten Straße Dresdens. Anstelle dieser nur 14 bis 17 m breiten Straßenschlucht schuf man ab 1965 ein weiträumiges städtebauliches Ensemble.

Besichtigung Dresden-Besucher, die mit der Bahn anreisen, treffen gleich auf die am Hauptbahnhof beginnende Prager Straße. Für manche ist dieser erste Eindruck eine Art Schock, weil das Bauensemble so gar nicht zum Bild von Dresden als ›Elbflorenz‹ passt.

Die drei nach beliebten Ausflugszielen in der Sächsischen Schweiz benannten *Hotels* (1967–69) haben die Architekten Manfred Arlt, Kurt Haller und Karl Heinz Schulze entworfen. Wo bis 1945 das seinerzeit exklusive Hotel ›Europäischer Hof‹ stand, erhebt sich das vierzehngeschossige heutige *Mercure Hotel Newa Dresden* (1968–70) von Claus Kayser, das 2003 eine moderne Glasfassade bekam. Das viergeschossige **Warenhaus** (1976–78) mit vorgeblendeter plastischer Aluminiumfassade entstand nach Entwürfen der Ungarn Ferenc Simon, Ivan Fokvari, Joszef Konya. Zu den nach der Einheit errichteten Bauten der Prager Straße gehört die 1995 eröffnete *Karstadt* Fiale. Der *Ufa-Filmpalast* (1970–72) dahinter hat einen Durchmesser von 50 m und eine Höhe von 20

m. Der allgemein nur **Rundkino** genannte Bau stammt von Gerhard Landgraf und Waltraud Heischkel. Das Dach wird von einer Seilnetzkonstruktion getragen – eine Technik, die damals erstmals in Ostdeutschland angewandt wurde. 1997/98 entstand daneben ein weiterer **Ufa-Filmpalast**, der wegen seines prismatisch gestalteten Stahl-Glas-Foyers Aufehen erregte. Am Südende der Prager Straße stand bis 1992 der sog. Rote Bahnhofsvorsteher, das monumentale, 120 t schwere *Lenindenkmal* (1974) des russischen Bildhauers Jastrebenetzki. Die Stadt Dresden schenkte es einem Gundelfingener Grabsteinfabrikanten, um die auf 3 Mio. Euro geschätzten Kosten für Abriss und Abtransport zu sparen.

Der **Hauptbahnhof** (1892–95) von Ernst Giese und Paul Weidner, Kopf- und Durchgangsbahnhof zugleich, zeigt sich im Stil der Neorenaissance und des Neobarock. Der reiche plastische Schmuck stammt von Friedrich Rentsch.

Der **Wiener Platz**, der den Hauptbahnhof mit der Prager Straße verbindet, wird gegenwärtig umgestaltet und ist bis auf weiteres eine große Baustelle.

Im Süden, hinter dem Hauptbahnhof, steht am Friedrich-List-Platz der **Maria-Gey-Heinze-Brunnen** von 1911. Er wird meist als *Aphrodite-Brunnen* bezeichnet. Georg Wrba, Professor an der Kunstakademie, stellte hier die griechische Göttin der Liebe auf einer Muschel balancierend dar. Gestiftet wurde das Werk von dem Arzt Dr. Heinze in Erinnerung an seine früh verstorbene Ehefrau. Sie war eine der ersten Kunststudentinnen Dresdens.

Oben: *Warenwelt einst und jetzt – trotz der funktionalen Strenge ihrer modernen Architektur ist die im Zweiten Weltkrieg zerstörte Prager Straße, Dresdens Flaniermeile, auch heute wieder heißgeliebt*
Unten: *Ob in London oder Dresden, schief ist schick, das zeigt auch der Ufa-Filmpalast*

Architektur vom Professor persönlich – der Beyer-Bau der Technischen Universität

54 Technische Universität

Die Gebäude der bedeutenden Lehr- und Forschungsstätte bilden einen kleinen Stadtteil für sich.

Mommsenstraße 13
www.tu-dresden.de
Bus 72, 76 bis Mommsenstraße

Mit 33 066 Studenten ist Dresdens Technische Universität die größte akademische Lehreinrichtung in Sachsen. Viele Gebäude tragen die Namen bedeutender Wissenschaftler. Jüngstes Kind der Uni ist die *Medizinische Fakultät*, die nach der Wiedervereinigung Deutschlands aus der Medizinischen Akademie Carl Gustav Carus hervorging.

Die 1828 gegründete Technische Bildungsanstalt wurde 1873 Polytechnikum, 1890 Technische Hochschule und 1961 Universität. Die Gebäude entstanden fast alle zwischen 1900 und 1926. Wahrzeichen der Uni ist der 40 m hohe **Beyer-Bau** (1910–13) mit dem markanten Observatoriumsturm von Martin Dülfer an der George-Bähr-Straße. Der Professor an der Technischen Hochschule wählte für die Gestaltung des Gebäudes die für Dresden seltene Klinkerbauweise. Zum Universitätsgebäude wurde auch das turmgekrönte **ehem. Landgericht** (1902–07) von Oskar Kramer am Münchner Platz. Dort richteten die Nationalsozialisten zwischen 1939 und 1945 mehr als 1000 Menschen durch das Fallbeil hin. An die Opfer erinnert in dem Innenhof, in dem das Fallbeil stand, ein 1959 enthülltes Bronzedenkmal, das fünf Widerstandskämpfer vor der Hinrichtung zeigt. Geschaffen hat es Arndt Wittig.

Südlich der Universität, zwischen Räcknitzhöhe und Bergstraße, trifft man auf das schlichte **Moreau-Denkmal**. An dieser Stelle wurde während der Befreiungskriege 1813 General Jean Victor Moreau tödlich verwundet. Bereits ein Jahr später enthüllte man das von Gottlob Friedrich Thormeyer entworfene Denkmal, das bedeutendste des *Klassizismus* in Dresden. Auf einem Steinwürfel mit einer quadratischen Deckplatte liegen Schwert, Lorbeerkranz und ein griechischer Helm. Der Franzose Moreau kämpfte als militärischer Ratgeber des Zaren Alexander I. gegen Napoleon. Südwestlich vom Denkmal, auf der Franzenshöhe, kann man den Anfang des 20. Jh. errichteten **Bismarckturm** von Wilhelm Kreis sehen.

Weiter nördlich an der Chemnitzer Straße liegt der **Alte Annenfriedhof** mit der beachtenswerten *Bronzefigur der Kurfürstin Anna* (1869). Robert Henze gestaltete die überlebensgroße Statue der Gemahlin des 1553–86 regierenden Kurfürsten August für den Denkmalbrunnen vor der Annenkirche. Nach 1945 wurde die Plastik an den jetzigen Standort neben der Trauerhalle gebracht.

Westlich der Uni, Reckstraße/Ecke Altplauen, steht die von William Lossow und Hermann Viehweger 1901/02 fast völlig neu erbaute **Auferstehungskirche**. Die beiden Architekten vergrößerten die Kirche im Neorenaissancestil fast um das Dreifache. Im Innenraum sind die tonnengewölbten *Holzdecken* sehenswert.

55 Russisch-orthodoxe Kirche

Fünf Zwiebeltürmchen – wie bei den altrussischen Kirchen üblich – prägen das Aussehen dieses Gebäudes.

Fritz-Löffler-Straße 19
Tram 3, 8 und Bus 72, 76 bis Reichenbachstraße

In den Farben Gold und Grün leuchten die fünf Zwiebeltürmchen, die der Kirche zusammen mit dem Glockenturm ein fremdländisches Aussehen verleihen: Das Gotteshaus wurde 1872–74 im altrussischen Stil für die am sächsischen Königshof akkreditierten russischen Gesandtschaft erbaut. Harald von Bosse, der russische Staatsrat deutscher Herkunft, und Karl Weißbach lieferten die Entwürfe. Im *Innenraum* trennt eine 10 m breite Ikonostase aus Marmor den Gebets- vom Altarraum. Die meisten der Ikonen schuf James Marshall. Die Kirche gehört heute zum Moskauer Patriarchat.

Für Architekturfreunde empfiehlt sich ein Abstecher westwärts in die Leubnitzer Straße 28 zur **Möckel-Villa** (1877/78). Gotthelf Ludwig Möckel hat während seines zehnjährigen Wirkens in Dresden u. a. die Kirche in Briesnitz (unweit der Autobahnanschlussstelle Dresden-Altstadt) 1881 im neogotischen Stil umgestaltet. Auch seine – Anfang 1995 sorgfältig restaurierte – Villa erbaute er im Stil der Neogotik. Die letzten drei Lebensjahrzehnte wohnte Möckel in Bad Doberan (westlich von Rostock), dort war er Hofbaumeister des Schweriner Herzoghauses.

Östlich der Russisch-orthodoxen Kirche, am Lukasplatz, steht die **Lukaskirche** (1898–1903), die Georg Weidenbach im Neorenaissancestil gestaltete. Die kriegszerstörte Kirche wurde 1963–72 wieder aufgebaut. Die Akustik ist so hervorragend, dass in ihr auch Aufnahmen mit der Staatskapelle und der Philharmonie für Tonträger gemacht werden.

56 Christuskirche

Die 66 m hohe Doppelturmfront des Jugendstilbaus prägt weithin das Bild des Stadtteils Strehlen.

Brandströmstraße 1
Tram 9, 13 bis Wasaplatz,
S1 bis Dresden Strehlen

Die Christuskirche (1903–05) im Stadtteil Strehlen ist für Freunde des Jugendstils eine Augenweide. Und sie gilt als Dresdens formenreinstes Werk dieses Baustils. Weithin sind die schlanken *Türme* des auf einer Anhöhe stehenden Sakralbaus zu sehen, den Rudolf Schilling und Julius Gräbner aus Sandstein errichteten. 1894 hatten sich die protestantischen Kirchen in Eisenach von einem 1861 gefassten Beschluss gelöst, der vorschrieb, Neubauten nur im romanischen oder gotischen Stil zu errichten. Die Christuskirche war damals der erste große protestantische Kirchenbau in Deutschland, der ohne historisierende Formen entstand. Die kostbare Jugendstilausstattung ging durch den Krieg verloren.

57 Palitzsch-Erinnerungsstätten

Der Prohliser Bauer Palitzsch war ein international beachteter Astronom.

Gamigstraße 24
Bus 72, 76 bis Gamigstraße

Johann Georg Palitzsch (1723–1788), Bauer in Prohlis, beschäftigte sich als Autodidakt mit *Astronomie*. Ihm gelang es 1758, mit seinem Fernrohr den *Kometen Halley* am Himmel zu entdecken. Die Akademien in Paris, London und St. Petersburg wählten ihn daraufhin zum Korrespondierenden Mitglied. Der berühmte Bauer pflanzte außerdem als erster im oberen Elbtal Kartoffeln an und am Dresdner Residenzschloss wurden auf seine Anregung hin die ersten Blitzableiter installiert.

Beim Bau des Plattenbauviertels **Prohlis** musste 1975–85 der historische Dorfkern weichen, auch die Scheune des Palitzschhofes wurde abgerissen. Einzig das vermutlich schon seit dem 13. Jh. bestehende Bauernhaus, es wird heute *Palitzschhof* genannt, blieb stehen. Das Haus bekam seine heutige Gestalt 1851. Es wird als Kulturzentrum genutzt, und im Obergeschoss lädt das **Heimat- und Palitzsch-Museum** (Gamigstr. 24, Tel. 03 51/2 84 30 30, Di–Do, So 13–17 Uhr, zzt. geschl.) zu einem Besuch ein. Hier wird nicht nur das Leben des Amateurastronomen dokumentiert, es gibt auch Informationen zur 7000-jährigen Siedlungsgeschichte von Prohlis. Die für das Dorf einst bedeutende *Handweberei* (um 1900) wird heute wieder praktisch genutzt.

In der Nähe des Bauernhauses steht das von der Gemeinde gestiftete *Palitzsch-Denkmal* (1877). Auf einem Sandsteinquader liegen, von Kränzen umgeben, Sextant und Fernrohr.

Auf dem 3 km westlich gelegenen *Friedhof* (Altleubnitz 1, Bus 75 bis Altleubnitz) in **Leubnitz-Neuostra** befindet sich das Grab von Johann Georg Palitzsch. Die zum Friedhof gehörige *Kirche* (15.–18. Jh., Vorgängerbau um 1233 erstmals erwähnt) ist im Innenraum prachtvoll gestaltet. Der Sakralbau gilt als die schönste

Dorfkirche innerhalb des Dresdner Stadtgebietes. Zur Ausstattung gehören die Sandsteinkanzel (1577) und das barocke Grabdenkmal des 1726 verstorbenen Oberlandbaumeisters Johann Friedrich Karcher sowie frühbarocke Malereien (1671) von Gottfried Lukas an der Decke, den Emporen und der Patronatsloge.

58 Bürgerwiese

TOP TIPP

Dresdens älteste Grünanlage schmücken zahlreiche Skulpturen.

Zwischen Georgplatz und Großem Garten
Tram 9, 10, 11, 13 und Bus 75 bis Lennèplatz

Die lang gestreckte Bürgerwiese, 1469 erstmals genannt, gehört zu den bedeutendsten Gartenanlagen im englischen Stil in Dresden. Den äußeren Teil der Bürgerwiese gestaltete 1858–63 *Peter Joseph Lenné* (1789–1866), der berühmteste Gartenkünstler des 19. Jh., der vor allem im Potsdamer Schloss Sanssouci seine Handschrift hinterlassen hat. Von den prachtvollen Villen, die den Park einst umsäumten, hat keine den Zweiten Weltkrieg überstanden.

Ein besonders bemerkenswertes Kleinod stellt der 1907 enthüllte **Mozartbrunnen** mit den drei vergoldeten Bronzeskulpturen, Personfikationen von Anmut, Heiterkeit und Ernst, dar. Der Mozartverein hatte um die Wende 19./20. Jh. zu einem Wettbewerb aufgerufen, bei dem der Berliner Bildhauer Hermann Hosaeus mit seinem Entwurf den ersten Platz belegte. Nach langjähriger Restaurierung steht der Brunnen seit 1991 wieder am alten Platz. Im nahe gelegenen Rondell hat die grazile Marmorgruppe ›**Venus und Amor**‹ (1886) von Theodor Heinrich Bäumer ihren Platz. Im Zentrum des Parks trifft man auf die Bronzegruppe ›**Zwei Mütter**‹ (1899–1902) von Heinrich Epler. Der Professor an der Kunstakademie modellierte eine Tigerin und eine Frau, die beide um das von Wasserfluten bedrohte Leben ihrer Kinder ringen. Unweit steht die von Arnold Kramer aus weißem Marmor gehauene **Otto-Ludwig-Büste** (1901). Sie zeigt den Dichter, der von 1849 bis zu seinem Tod 1863 in Dresden lebte, überlebensgroß auf einer schlanken Stele. Ebenfalls aus weißem Marmor fertigte Bruno Fischer den *Nymphenbrunnen* (1908).

59 Deutsches Hygiene-Museum Dresden

Einzigartig in Europa: ein Museum, in dem der menschliche Körper im Mittelpunkt steht.

Lingnerplatz 1
Tel. 03 51/4 84 60,
www.dhmd.de
Di–Fr 9–17 Uhr, Sa/So 10–18 Uhr
Tram 10, 13 bis Hygiene-Museum und Bus 75 bis Hans-Dankner-Straße

Der Dresdner Pharmazie-Großindustrielle Karl August Lingner hatte kein Museum im traditionellen Sinne, sondern eine **Lehr- und Bildungsstätte** geplant – und das ist das Deutsche Hygiene-Museum bis heute geblieben. Seit Jahrzehnten bildet die lebensgroße Figur der ›Gläsernen Frau‹ den Anziehungspunkt – im Museum selbst und auf zahlreichen Wanderausstellungen. Auch mit einem ›Gläsernen Pferd‹ und einer ›Gläsernen Kuh‹ machte die Sammlung Furore.

Geschichte Nach der **I. Internationalen Hygiene-Ausstellung** in Dresden, die mit mehr als 5 Mio. Besuchern in nur drei Monaten ein überwältigender Erfolg war, regte Karl August Lingner, Produzent des Odol-Mundwassers, die Errichtung eines Nationalen Hygiene-Museums an. 1912 wurden die Lehrwerkstätten der Deutschen Hygiene-Museums gegründet und die ständige Ausstellung ›Der Mensch‹ eröffnet. 1927 bekam der Architekt Wilhelm Kreis den Auftrag, ein Museumsgebäude zu errichten, das anlässlich der II. Internationalen Hygiene-Ausstellung 1930 eröffnet wurde. Das 1945 schwer be-

Durchblick garantiert – eine Gläserne Kuh gibt im Deutschen Hygiene-Museum ihr Innenleben preis

Mit Odol fing es an – der Pharmazeut Lingner produzierte Mundwasser und gründete 1912 das Deutsche Hygiene-Museum als Lehr- und Bildungsstätte

schädigte Haus wurde in mehreren Etappen wieder aufgebaut. 1999 begannen umfangreiche Sanierungsarbeiten, die 2004 abgeschlossen wurden.

Besichtigung Die neue, im Jahre 2004 eröffnete **Dauerausstellung** umfasst die Themenkreise ›Der gläserne Mensch‹, ›Leben und Sterben‹, ›Essen und Trinken‹ sowie ›Sexualität‹ mit vielen informativen und interaktiven Exponaten. Im Frühjahr 2005 eröffnen dann die Abteilungen ›Erinnern, Denken, Lernen‹, Bewegung‹ und ›Haut und Haar‹. Das Museumsgebäude ist eine monumentale sachliche Vierflügelanlage im Bauhaus-Stil, aus der der Mittelbau mit dem 1050 Personen Platz bietenden *Kongresssaal* herausragt.

Die 4 m hohe Skulptur **›Ballwerfer‹** (1907) vor dem Museum stammt von Richard Daniel Fabricius. Eine bewegte Geschichte hat die seit 1993 im Heilkräutergarten des Museums stehende Bronzeplastik der **›Hygieia‹**. Die 3,30 m hohe und 450 kg schwere Skulptur von Karl Albiker wurde 1930 im kleinen Ehrenhof des Museums aufgestellt. 1945 während des Bombenangriffs beschädigt, etikettierte man sie 1952/53 als Schrott und zerlegte sie in acht Einzelteile, weil ihre künstlerische Bedeutung nicht erkannte wurde. Künstler retteten die Figur schließlich vor ihrer völligen Zerstörung.

An das Museum grenzt südlich der **Blüherpark**, den Kurfürst Johann Georg III. 1683 der schönen Gräfin von Zinzendorf als Liebesgabe verehrt haben soll. Der Park wurde der damaligen Mode entsprechend nach *französischem Vorbild* angelegt. Im Jahr 1927 erfolgte ein tiefer Eingriff, als die Stadt einen großen Teil der Anlage als Baugrund für das Deutschen Hygiene-Museum zur Verfügung stellte. Heute zeigt sich der verkleinerte Blüherpark im englischen Stil. Er trägt den Namen des Dresdner Oberbürgermeisters, der 1915–31 im Amt war.

60 Gläserne Manufaktur

TOP TIPP

Spektakuläre Symbiose von industrieller Produktion und Kultur.

Straßburger Platz
Tel. 0 18 05/89 62 68
Fax 0 18 05/32 98 96
www.glaesernemanufaktur.de
tgl. 8–20 Uhr nur nach Voranmeldung etwa 14 Tage (max. 8 Wochen) im Voraus über das Customer Care Center (s. o.)
Tram 1, 2, 4, 10, 12, 13 bis Straßburger Platz

Der Volkswagen-Konzern hat in Dresden mit der Gläsernen Manufaktur eine inno-

Dresden ist um eine Attraktion reicher. Die Gläserne Manufaktur von VW ist zugleich Produktionsstätte **(unten)** *von Luxusfahrzeugen und informatives Kulturzentrum*

vative Produktionsstätte für seinen Personenwagen der Luxusklasse, den bis zu 100 000 Euro teuren ›**Phaeton**‹, geschaffen und zugleich eine touristische Attraktion ganz neuartigen Zuschnitts. Die Gläserne Manufaktur macht die Automobilfertigung erlebbar, doch gelärmt, geschweißt und gehämmert wird hier nicht. Die Autoteile werden vorgefertigt nach Dresden geliefert – das letzte Stück werbewirksam mit eigens gefertigten *Straßenbahnen* –, und in der Manufaktur erfolgt theatralisch inszeniert die Endmontage. Betrachter vermuten hinter der transparenten Fassade ein neues Museum, keinesfalls jedoch eine Autofabrik. Anfang 1998 nahm der VW-Konzern wegen seines Projekts erste Gespräche mit der Stadt Dresden auf, wenige Monate später wurde als Standort für die Gläserne Manufaktur der Straßburger Platz ausgewählt. Im Beisein des Bundeskanzlers und des Ministerpräsidenten von Sachsen erfolgte im Juli 1999 die Grundsteinlegung und am 11. Dezember 2001 konnte die Einweihung stattfinden. VW hatte sich für Dresden entschieden, weil Sachsen eine lange Tradition des *Automobilbaus* hat. In den 30er-Jahres des 20. Jh. kam noch jedes vierte in Deutschland gebaute Auto aus Sachsen.

Der Produktionsbereich der schicken VW-Manufaktur wird zur Stadt hin durch das komplett verglaste, winkelförmige **Hauptgebäude** mit einer Kantenlänge von 140 m und einer Höhe von 20 m geprägt. Das schon von weitem sichtbare Erkennungszeichen der Gläsernen Manufaktur ist ein fast 40 m hoher **Glasturm**, in dem die fertigen Fahrzeuge auf ihre Abholung warten.

Die Kunden und Besucher erreichen über die **Piazza** den Erlebnisbereich. In der begehbaren *Visionskugel* mit 12 m Durchmesser können über Großprojektoren und interaktive Terminals Informationen zu neuesten Trends aus Kunst, Kultur, Wirtschaft und Industrie sowie aktuelle Nachrichten aus aller Welt abgerufen werden. Ein Highlight ist der *Fahrsimula-*

tor, hier wird mit dem ›Phaeton‹ eine Probefahrt durch eine von sieben Computern vor den Wagen projizierte Welt gefahren.

Bis zu 800 Mitarbeiter können täglich 150 Luxuslimousinen in der modernstes Produktionsstätte von VW montieren. Das erfolgt auf zwei Ebenen, den Transport besorgt eine *Elektrohängebahn*. Einblicke in die aktuellen Fertigungsphasen erhalten die Besucher durch eine Live-Kamera.

61 Großer Garten

TOP TIPP *Die größte, schönste und älteste Parkanlage im Herzen der Stadt.*

Tram 1, 2, 4, 10, 10, 12, 13 bis Straßburger Platz

Die grüne Oase abseits vom Großstadttrubel ist mit rund 180 ha Dresdens größte Parkanlage. Zu den zahlreichen Freizeitmöglichkeiten, die der Park bietet, gehören Besuche im Zoologischen Garten [Nr. 62], im Botanischen Garten [Nr. 63], im Freilichttheater oder im Palais sowie Bootsfahrten auf dem *Carolasee*. Der schnellste Parküberblick lässt sich bei einer Rundfahrt mit der *Minieisenbahn* (1931) gewinnen, die die Grünanlage auf einer Länge von 5,6 km durchquert.

Geschichte Kurfürst Johann Georg II. ließ den Großen Garten ab 1678 von Martin Göttler und Johann Friedrich Karcher, dem bedeutendsten Gartengestalter der augusteischen Zeit, vor den Toren der Stadt anlegen. Für die Öffentlichkeit zugänglich machte ihn ab 1814 der russische Gouverneur Fürst Repnin-Wolkonski. Ursprünglich im französischen Barockstil begonnen, wurde der Park 1764 fast vollständig im *englischen Landschaftsstil* umgestaltet und nach 1878 von Johann Karl Friedrich Bouché, einem Schüler des berühmten Lenné, erweitert. Im Februar 1945 flüchteten sich Tausende von Dresdnern vor den Bombenangriffen in den Großen Garten, doch die Bomben verschonten die Parkanlage nicht und richteten unter den Schutzsuchenden ein Blutbad an.

Besichtigung Alle Wege haben zusammen eine Länge von 34 km. In der Parkmitte, wo sich Hauptallee und Herkulesallee mit der Querallee kreuzen, steht Sachsens frühester Barockbau: das 1678–83 von Oberlandbaumeister Johann Georg Starcke errichtete **Palais** (Tel. 0351/

Inmitten des blütengeschmückten Großen Gartens lädt das elegante frühbarocke Palais mit seiner Skulpturen-Ausstellung heute wieder zur Kunstbetrachtung ein

Orang-Utan-Nachwuchs – die erfolgreiche Familienplanung des Dresdner Zoos

4 45 66 00, www.schloesser-dresden.de, April–Okt. Mi–Sa 14–18, So 11–18 Uhr, Nov.–März Sa/So 11–18 Uhr). Es wurde für sommerliche Vergnügungen des Hofes errichtet, diente also nie Wohnzwecken. Das Palais stellt eine Mischung aus deutschem Lusthaus, italienischer Villa und französischem Schloss dar. Bemerkenswert sind vor allem die üppigen und künstlerisch wertvollen *Skulpturen*, die von mehreren Bildhauern geschaffen wurden. Das Äußere des kriegszerstörten Baus, der zuvor als Altertumsmuseum genutzt worden war, konnte bis 1969 im Wesentlichen wieder hergestellt werden. Im **Inneren** ist jedoch noch viel Arbeit erforderlich, bis der alte Glanz wieder hergestellt sein wird. Dennoch wurden 2004 die Türen wieder für Besucher geöffnet. Im Erdgeschoss präsentiert die *Dauerausstellung* ›Permoser im Palais‹ sächsische Barockskulpturen.

Von den ursprünglich acht schlichten **Pavillons** des Parks, die ebenfalls nach Entwürfen von Johann Georg Starcke ab 1684 errichtet wurden, sind fünf erhalten. Zum nur teilweise erhaltenen Statuenschmuck des Gartens gehören die Gruppen ›Meleager und Atalante‹ sowie ›Venus und Adonis‹ (1719) von Johann Christian Kirchner am östlichen Ende der Hauptallee. Der sehenswerte **Mosaikbrunnen** von Stadtbaurat Hans Poelzig wurde anlässlich der Internationalen Gartenbauausstellung 1926 installiert.

Östlich der Grünanlage, an der Gasanstaltsstraße in Reick, trifft man auf den großen, von Hans Erlwein erbauten **Gasometer** (1907/08), einem 67 m hohen denkmalgeschützten Industriebau mit einem Durchmesser von 60 m.

62 Zoologischer Garten

Fast 3000 Tiere, über 400 Arten leben in einem der ältesten deutschen Zoos.

Tiergartenstraße 1
am Südrand des Großen Gartens
Tel. 03 51/47 80 60
www.zoo-dresden.de
im Sommer tgl. 8.30–18.30 Uhr,
im Winter tgl. 8.30–16.30 Uhr
Tram 9, 13 und Bus 75 bis Zoo

Im Affenhaus tollen schwarz-weiße Mantelaffen, in Volieren leben wie im südamerikanischen Urwald Krallenäffchen – die Affen sind bis heute der Magnet des Zoologischen Gartens. Mit einer 1873 erworbenen Schimpansin begann die Haltung von *Menschenaffen*. Den Dresdnern

Amerikanische ›Ananas‹ – im Botanischen Garten blüht die Aechmea Mariae reginae

gelang es erstmals einen Orang-Utan-Säugling bis zum erwachsenen Tier aufzuziehen. Heute gehören die Zuchterfolge bei diesen Menschenaffen zu den bedeutendsten der Welt.

Der 1861 gegründete und heute 13 ha große Zoo ist der viertälteste in Deutschland. Am Ende des Zweiten Weltkrieges wurde er total zerstört, nur acht Tiere überlebten. Heute jedoch sind fast 3000 Tiere zu sehen, darunter natürlich zahlreiche Menschenaffen. Die Dresdner Anlage zählt zu den wenigen Zoos, in der tagaktive *Buntmarder* gehalten werden. Weitere interessante Tierarten sind *Breitmaulnashörner*, *Brillenbären* und *nordchinesische Leoparden*. Im Aquarium geben das 4,80 m lange *Leistenkrokodil* ebenso wie die nur 12 mm messenden *Zwergbärblinge* Einblick in die Fauna Südostasiens.

63 Botanischer Garten

Blumen und Pflanzen aus aller Welt im Freiland und in Schauhäusern.

Stübelallee 2
Tel. 03 51/4 59 31 85
April–Sept. tgl. 8–18 Uhr (Gewächshäuser ab 10 Uhr),
Nov., Febr. tgl. 10–16 Uhr,
Okt., März tgl. 10–17 Uhr,
Dez., Jan. tgl. 10–15.30 Uhr
Tram 1, 2, 4, 12, 13 bis Straßburger Platz

Mitte Juni bietet der Botanische Garten eine Seltenheit: Für kurze Zeit entfaltet sich die Blüte der ›Königin der Nacht‹, deren Heimat Mexiko ist. Der 1815 gegründete Botanische Garten zog 1891–93 an seinen heutigen Standort. Aufgrund seiner Pflanzendarbietung und seiner Forschungsarbeit genoss er bald internationales Ansehen. Im Februar 1945 vernichteten Bomben die Anlage völlig, 1950 war zunächst das Freigelände wieder eröffnet worden. Etwa 9000 Pflanzen wachsen heute auf dem aus Freiland und vier Gewächshäusern bestehenden 3,14 ha großen Areal, das zur Technischen Universität gehört. In den Gewächshäusern werden außereuropäische Pflanzen für die wissenschaftliche Arbeit gehalten, darunter eine Fülle schöner Orchideen und insektenfressender Pflanzen. Auch Bananen- und Kaffeesträucher gedeihen prachtvoll. Ein Haus ist für die Sukkulenten reserviert. Im Freigelände wachsen u. a. Heil- und Giftpflanzen.

Wie ihre antiken Vorbilder ist die Trinitatiskirche heute eine Ruine

64 Trinitatisfriedhof

Begräbnisstätte vieler Dresdner Persönlichkeiten.

Fiedlerstraße
Tram 6 bis Trinitatisplatz

Der Trinitatisfriedhof könnte auch den Namen *Caspar David Friedrichs* tragen: Der berühmte Maler hat für viele Grabstätten die Entwürfe geliefert, die Toranlage diente ihm als Motiv für sein Bild ›Friedhofseingang‹, das die Gemäldegalerie Neue Meister [Nr. 23] besitzt. Und schließlich fand er hier 1840 selbst seine letzte Ruhestätte. Der ›weite Friedhof‹, den man wegen seiner Lage vor den Stadttoren zunächst so nannte, besteht seit 1815. Seinen heutigen Namen bekam er 1845.

Neben Caspar David Friedrich wurden hier weitere Persönlichkeiten bestattet, u. a. der Arzt und Maler Carl Gustav Carus (1789–1869), die berühmte Sängerin Wilhelmine Schröder-Devrient (1804–1860), der Bildhauer Ernst Rietschel (1804–1861) und der Architekt und Professor an der Kunstakademie, Constantin Lipsius (1832–1894). Von Gottlob Friedrich Thormeyer stammt die *klassizistische Toranlage* der ersten Abteilung des Friedhofs. An die 75 Dresdner, die während des Maiaufstan-

Zu den Technischen Sammlungen gehört auch diese Schreibkugel, Kopenhagen 1878

des Jahres 1849 ums Leben kamen, erinnert ein 10 m hoher Obelisk.

Unmittelbar neben dem Trinitatisfriedhof, in der Fetscherstraße, wurde 1868 der **Jüdische Friedhof** angelegt. Die Nationalsozialisten schändeten ihn, dennoch blieben viele Grabsteine erhalten. Als Ersatz für die 1938 zerstörte Dresdner Synagoge wurde 1959 die Friedhofskapelle zu einer kleinen Synagoge ausgebaut.

Am Trinitatisplatz, gegenüber dem Haupteingang des Friedhofs, steht die Ruine der **Trinitatiskirche**. Das Gotteshaus wurde 1891–94 von Karl Barth im Neorenaissancestil erbaut.

65 Ernemann-Neubau

Technische Sammlungen der Stadt Dresden

Schreibmaschinen, Kameras und weitere technische Geräte in einem traditionsreichen Industriebau.

Junghansstraße 1–3/
Schandauer Straße
Tel. 0351/3 14 40
www.tsd.de
Di–Fr 9–17 Uhr, Sa/So 10–18 Uhr
Tram 4, 10 und Bus 61 bis
Pohlandplatz

Der fünfgeschossige Turm, der über den Fabriktrakt hinauswächst, war zu DDR-Zeiten im Warenzeichen der *Pentacon*-Werke zu sehen. Denn das Gebäude ist nicht nur architektonisch interessant, es ist zugleich Symbol für die Entwicklung und Produktion des Dresdner fotografischen Gerätebaus. Vieles, was in mehr als sieben Jahrzehnten in diesem Gebäudekomplex entstand, bewahren seit 1993 die **Technischen Sammlungen der Stadt Dresden** für die Nachwelt.

1897 erwarb der Kaufmann Heinrich Ernemann das Grundstück Schandauer Straße Nr. 48, um seine bislang im ganzen Stadtgebiet verteilten *Kamera-Werkstätten* zusammenzufassen. 1915 begann man mit dem Ernemann-Neubau. Das repräsentative Fabrikgebäude im Stil der Neuen Sachlichkeit wurde 1918 fertig gestellt. Das 48 m hohe *Turmhaus* und der siebengeschossige Gebäudekomplex an der Schandauer Straße kamen 1922/23 hinzu. Die Architekten waren zwei Professoren der Technischen Hochschule, Emil Högg und Richard Müller. Die Anlage blieb bis 1926 Sitz der Ernemann AG, danach war sie Hauptniederlassung der *Zeiss Ikon AG Dresden*. Nach 1945 war im Ernemann-Werk die Zentrale der Dresdner Kamera- und Kino-Industrie untergebracht, aus der 1966 das *Kombinat Pentacon* entstand. 1992 kaufte die Stadt Dresden die Gebäude.

Die Schwerpunkte der Technischen Sammlungen der Stadt Dresden mit ihren mehr als 20 000 Exponaten sind die Bereiche Fotografie, Unterhaltungs-, Schreib- und Bürotechnik, Haushalts- und Rechentechnik und der wissenschaftliche Gerätebau. Die Themenbereiche heißen ›Lichtbild und Dunkelkammer‹, ›Feuer‹, ›Mit uns können Sie rechnen‹, ›Zick-Zack-Naht und Zeilenschaltung‹ sowie ›Technik erleben im Experimentierfeld‹. Außerdem werden regelmäßig Erlebnisausstellungen veranstaltet.

Die **Versöhnungskirche** (1905–09) zwischen Schandauer und Wittenberger Straße ist ein Bau der Neoromanik, bei dem die Architekten Gustav Rumpel und Albert Kutzsch bereits Elemente des Jugendstils anklingen ließen. Im *Inneren* wurde die Jugendstilornamentik von Otto Gussmann Mitte der 1980er-Jahre von der später erfolgten Übermalung befreit. Den Toten des Ersten Weltkrieges ist der *Mahnmalbrunnen* im vorderen Hof gewidmet. Selmar Werner schuf eine *Bronzeplastik* (1928), die Jesus als Tröster der Mühseligen und Beladenen zeigt.

Am rechten Elbufer um die Innere Neustadt – Schlösser und ein Blaues Wunder

Hinterhöfe, ›Tante-Emma-Läden‹ und Szenekneipen gehören zur **Äußeren Neustadt**. Sie umschließt das Gebiet, das einst *Altendresden* hieß und heute Innere Neustadt genannt wird. Die im 19. Jh. erbaute Äußere Neustadt beginnt nördlich des Albertplatzes, die **Königsbrücker Straße** gilt als ihre Hauptstraße. Am Südwestrand der Dresdener Heide entstand in der zweiten Hälfte des 19. Jh. mit der nach König Albert benannten **Albertstadt** eine der drei größten Garnisonsstädte Deutschlands. Heute stehen hier viele Gebäude leer. Andere Siedlungen am rechtselbischen Ufer wurden zu begehrten Adressen, so das alte Fischerdorf **Loschwitz**, das sich zum bevorzugten Wohnsitz von Künstlern entwickelte oder der Stadtteil **Weißer Hirsch**, in dem sich die Dresdner Prominenz niederließ. Aber auch für Arbeitnehmer entstand eine Wohnsiedlung im Grünen: **Hellerau**, die erste deutsche Gartenstadt. Ein wenig von ihrem früheren ländlichen Flair haben sich die einstigen Bauern- und Winzerdörfer Wachwitz und Hosterwitz bewahrt. Ebenso **Pillnitz** mit seinem Schloss- und Parkensemble, das vom Altstädter Terrassenufer mit dem Schiff erreichbar ist.

66 Schloss Übigau

Das einzige Bauwerk des schwedischen Architekten von Göthe in Dresden.

Zinggstraße 47
Tram 13 bis Mickten, dann Bus 79 bis Übigau

Graf Jakob Heinrich von Flemming hatte an seinem Schloss nur wenige Monate Freude, denn allzu schnell fand *August der Starke* Gefallen an dem Barockbau, den sich sein Feldmarschall in Übigau hatte errichten lassen. Und so war Flemming gezwungen, an den Kurfürsten zu verkaufen. Dieser erwarb nämlich mit Vorliebe angefangene oder gerade fertig gestellte Projekte, um nicht jedes Mal die Genehmigung der Ständeversammlung einholen zu müssen. Das 1724–26 erbaute Schloss verwahrloste in der zweiten Hälfte des 18. Jh., 1813 wurde es geplündert, später diente es als Verwaltungssitz. Seit 1990 steht es leer.

Starke Zuneigung zeigte August der Starke für Schloss Übigau, das er seinem Feldmarschall abkaufte, doch dann nur einmal besuchte

Die zweigeschossige Anlage mit arkadengeschmücktem Vorbau liegt malerisch am Elbufer. Die schlichte, aber dennoch attraktive Architektur im sächsischen Barockstil hat der in Riga geborene schwedische Baumeister *Johann Friedrich Eosander von Göthe* entworfen. August der Starke hat das Schloss kaum genutzt, die Chroniken verzeichnen lediglich einen einzigen Aufenthalt: Im Mai 1730 starteten vom Übigauer Elbufer »4 Brigantinen, 4 Schaluppen und 6 große Prahmen« zur Fahrt nach Wittenberg. Von dort reiste der König mit großem Gefolge und viel Pomp auf dem Landweg weiter nach Berlin.

67 Trachau

Für Architekturfreunde ist der Stadtteil eine Fundgrube.

Südlich der Autobahnanschlussstelle Dresden-Wilder Mann
Bus 80 und S1 bis Trachau

Eine große und für die damalige Zeit moderne Wohnsiedlung im Stil der Neuen Sachlichkeit prägt das 1903 eingemeindete Trachau. In einem Wettbewerb der gemeinnützigen Wohnungsbaugesellschaft *Gewobag* belegte Hans Richter 1926 den 1. Platz. Was nach Richters zukunftsweisenden Entwürfen entstand, kann zwischen Kopernikus-, Aachener und Schützenhofstraße betrachtet werden: Hier trifft man auf eine Wohnsiedlung mit lang gestreckten dreigeschossigen *Flachdachhäusern*, die durch unterschiedliche Fenstergliederungen, Erker und Balkone vielfältig gestaltet wurden. Am Südwestrand der Siedlung steht zwischen Kopernikus- und Halleystraße das **Gemeindezentrum** (1927–29) mit der Apostelkirche im Bauhaus-Stil. Der Entwurf stammt von Oswin Hempel.

68 Städtischer Heidefriedhof

Erinnerungsstätte an die Schrecken des Zweiten Weltkrieges.

Moritzburger Landstraße
Bus 80 bis Heidefriedhof

30 000 Tote der furchtbaren Bombardements vom 13. und 14. Februar 1945 wurden auf dem Heidefriedhof in einem Gemeinschaftsgrab bestattet. Ein schlichtes **Mahnmal** erinnert an sie. Zum Gedenken an weitere Opfer des Nationalsozialismus entstand 1965 das **Rondell** mit Opferschale und 14 Sandsteinquadern, welche die Namen der nationalsozialistischen Konzentrationslager Auschwitz, Bergen-Belsen, Buchenwald, Dachau, Ravensbrück, Sachsenhausen und der im Zweiten Weltkrieg zerstörten Städte Coventry, Dresden, St. Petersburg, Lidice, Oradour, Rotterdam und Warschau tragen. Der Städtische Heidefriedhof, der unmittelbar an der Autobahnanschlussstelle Dresden-Wilder Mann liegt, wurde 1929/30 angelegt.

◁ Bauhaus in Trachau – Hans Richter entwarf 1926 jene für den Dresdner Architekturstil bezeichnenden Wohnsiedlungen

69 Gartenstadt Hellerau

Leben und Arbeit miteinander verbinden – das war das Credo von Deutschlands erster Gartenstadt am Rande der Dresdener Heide.

Am nördlichen Stadtrand
Tram 8 und Bus 80

Eine neue Fabrik und rundherum helle, von Grün umgebene Wohnungen – diese Idee lag der Gartenstadt Hellerau, der ›Aue am Heller‹, zugrunde. Zum ersten Mal in Deutschland wurde hier planmäßig eine Siedlung für Arbeitnehmer gestaltet. Die von Hellerau ausgehenden *Reformideen* – ›Erlösung von der Mietskaserne‹ – verloren Mitte der 1920er-Jahre an Bedeutung. Die in den **Deutschen Werkstätten**, dem Kern der Gartenstadt, hergestellten *Möbel* dagegen wurden wegen ihrer zweckmäßigen, klaren Formensprache beispielgebend für diese Branche. Hellerau trug zur Entwicklung der industriellen Möbelfertigung in Europa entscheidend bei. Zu den zahlreichen Preisen gehören ein *Grand Prix* auf der Weltausstellung in Paris 1900, eine Auszeichnung auf der Weltausstellung in St. Louis 1904 und eine weitere auf der Pariser Weltausstellung 1937. Kein Möbel verbuchte jemals in Europa eine solche Variabilität und auch nur annähernd einen solchen Erfolg wie das zu DDR-Zeiten in industrieller Großfertigung produzierte MDW-Programm (**M**ontagemöbel der **D**eutschen **W**erkstätten). In jüngster Zeit

Kleinbürgerliche Wohnkultur entstand in der Gartenstadt Hellerau zwischen 1908 und 1913

knüpfen die Möbelproduzenten an ihre alte Tradition des hochwertigen Innenausbaus an. Ihr Können zeigten sie z. B. im neuen Sächsischen Landtag und bei der Ausstattung der historischen *Elbe-Raddampfer*.

Geschichte 1908/10 entstanden in der hügeligen, waldreichen Gegend am nördlichen Stadtrand Dresdens die Fabrikgebäude nach Plänen von Richard Riemerschmid, um die sich bis Ende 1913 insgesamt 383 Kleinwohnhäuser mit 407 Wohnungen für Arbeitnehmer gruppierten. Entworfen wurden sie von Riemerschmid, Hermann Muthesius, Theodor Fischer und Heinrich Tessenow. Hellerau – erst 1950 nach Dresden eingemeindet – zog auch zahlreiche Künstler an, für die villenartige Häuser entstanden.

Besichtigung Die Baumeister passten die Straßen und Wege den Naturgegebenheiten an, sie bezogen die Höhenunterschiede ein und brachten die Gartenstadt somit in eine malerische Form. Die Ein-, Zwei- und Vierfamilienhäuser sind von schlichter Architektur. Den ältesten Teil bilden die von Riemerschmid entworfenen Einfamilienhäuser **Am Grünen Zipfel**. Die elf verschiedenen Haustypen haben eine Nutzfläche von 46 bis 85 m^2 und zu jeder Wohnung gehören – was in der damaligen Zeit etwas Besonderes war – Keller, Waschküche mit gemauertem Kessel, Be- und Entwässerung sowie ein bis zu 265 m^2 großer Garten. Eher städtischen Charakter besitzen die zwei Vierfamilien- und sechs Einfamilien-Reihenhäuser von Muthesius in der Straße **Beim Gräbchen** oberhalb des Marktes. Zum Leittyp des kleinbürgerlichen Wohnhauses dieser Zeit wurden die *Doppel-* und *Reihenhäuser*, wie sie am Ruscheweg, Am Dorffrieden und Heideweg stehen.

Als geistiger und kultureller Mittelpunkt für die neue Siedlung war das **Festspielhaus** (1910–12) an der heutigen Karl-Liebknecht-Straße gedacht, ein schmuckloser, aber dennoch würdevoller Bau von Heinrich Tessenow, der den Weimarer *Bauhaus-Stil* vorwegnimmt. Von 1936 an wurden das Festspielhaus und die seitlichen Flügelbauten militärisch genutzt; das blieb so bis 1994, als die GUS-Armee abzog. Bald darauf wurde mit der Sanierung begonnen. Im heute wieder kulturell genutzten Festspielhaus soll bis 2006 das *Europäischen Zentrum der zeitgenössischen Künste Hellerau* entstehen.

70 Militärhistorisches Museum

Ein Streifzug durch mehr als 600 Jahre deutscher Militärgeschichte.

Olbrichtplatz 3
Tel. 03 51/8 23 28 00
www.milhistmuseum.de
Di–So 10–17 Uhr
Tram 7, 8 und Bus 91 bis Stauffenbergallee

Das Militärhistorische Museum, mit etwa 700 000 Sammlungsobjekten eines der größten seiner Art auf der Welt, stellt in Ausstellungsräumen und Freigelände 600 Jahre deutsche Militärgeschichte vom späten Mittelalter bis in die Gegenwart dar. Das gewaltige Museumsgebäude (1873–79) mit einer schlossartigen Hauptfront entstand als *Arsenal* der Dresdner Garnison. Ab 1897 konnte die Arsenalsammlung besichtigt werden, 1914 wurde sie zum Sächsischen Armeemuseum, das 1940 den Namen Heeresmuseum bekam. Nach dem Zweiten Weltkrieg diente das Arsenal bis 1965 als Stadthalle, auf deren Bühne Showorchester spielten. 1972 etablierte sich dann das *Armeemuseum der DDR*, welches 1990 umbenannt und danach von der Bundeswehr übernommen wurde.

Zu sehen sind Großtechnik, Waffen, Munition, Uniformen, Orden, Fahnen und Kunstwerke. Mehr als 6000 Objekte zeigt das Museum, darunter als Rarität das von Wilhelm Bauer gebaute erste deutsche U-Boot ›**Brandtaucher**‹ (1850/51), das älteste erhaltene Tauchboot der Welt. Interessant sind auch der Landeapparat des Raumschiffes ›**Sojus 29**‹ (1978) und der **Raumanzug** des Sachsen Dr. Sigmund Jähn, der 1978 als erster Deutscher in den Weltraum flog. Das älteste europäische **Riesengeschütz** (um 1430) gehört zu den einzigartigen Zeugnissen aus der Frühzeit der Artillerie. Sein Name ›Faule Magd‹ leitet sich von der geringen militärischen Einsatzfähigkeit des Geschützes ab, mit dem Steinkugeln von etwa 45 kg Gewicht vermutlich nur etwa 500 m weit geschossen werden konnten.

71 Garnisonskirche

Dresdens einzige Simultankirche mit einem 90 m hohen Turm und der Puppentheatersammlung.

Stauffenbergallee
Tram 7, 8 und Bus 91 bis Stauffenbergallee

Geld war auch im 19. Jh. knapp. Es reichte nicht, um für die Heeresangehörigen der Albertstadt eine protestantische und eine katholische Kirche zu bauen. Und so entschloss man sich zu einer dem hl. Martin geweihten Simultankirche (1896–1900) – eine große Halle für die protestantischen Christen und eine kleinere für die Katholiken. Das Gotteshaus gehört zu den besten Bauten des Historismus in Dresden. Die Glocken im 90 m hohen Kirchturm – so wird jedenfalls behauptet – seien aus französischen Kugeln des Krieges 1870/71 gegossen worden.

Seit 2004 beherbergt die Kirche die **Puppentheatersammlung** (Eingang D, Tel. 03 51/8 38 75 71, www.skd-dresden.de, Di–Fr 10–17, jeden letzten So im Monat 10–17 Uhr) der Staatlichen Kunstsammlungen Dresden, die zuvor in Radebeul untergebracht war. Gezeigt wird die Ausstellung ›Von der Kasperbude zum Figurentheater, Schätze aus 200 Jahren Puppentheatergeschichte‹.

Die Garnisonskirche, Dresdens einzige Simultankirche, vereinte Protestanten und Katholiken unter einem Dach

Die berühmte Maya-Handschrift (hier Details) im Buchmuseum ist farbig illuminiert und macht Angaben über die Venus als Morgen- und Abendstern

1873–77 entstand die **Albertstadt**, eine Soldatensiedlung mit eigener Verwaltung und Polizei. Die Kasernen wurden entlang der 3,2 km langen und 30 m breiten Heerstraße, die zu DDR-Zeiten Dr.-Kurt-Fischer-Straße hieß, gebaut. 1990 erhielt die Avenue den Namen von Graf Schenk von Stauffenberg, der in der damaligen Infanteriekaserne gedient hatte. Für deren **Hauptwache** (1875) nahm sich Georg Hermann Nicolai (1812–1881) die Florentiner Halle der Landsknechte, die Loggia dei Lanzi, zum Vorbild. Der Baumeister Nicolai ist übrigens im Fürstenzug [Nr. 30] in der Altstadt als einziger Architekt verewigt: mit steifem Hut hinter den Fahnenträgern schreitend.

An der Stauffenberg-/Ecke Marienallee bekam der 1891 verstorbene sächsische General Georg Friedrich Graf von Fabrice seine letzte Ruhestätte. Er war von 1866 bis zu seinem Tode sächsischer Kriegsminister. Constantin Lipsius entwarf das **Fabrice-Mausoleum**, dessen wertvoller Schmuck, ein von Johannes Schilling gefertigtes Bronzestandbild des Generals, im Zweiten Weltkrieg eingeschmolzen wurde.

72 Sächsische Landesbibliothek – Staats- und Universitätsbibliothek Dresden mit Buchmuseum

Kostbarkeiten aus mehr als einem Jahrtausend Buchgeschichte.

Zellescher Weg 18
Tel. 03 51/4 67 75 80
www.tu-dresden.de/slub
Mo–Fr 9–16 Uhr
Bus 91 bis Marienallee

1996 fusionierten die Sächsische Landesbibliothek und die Universitätsbibliothek der Technischen Universität Dresden. Die kurz **SLUB** genannte Sammlung gilt als die viergrößte Bücherei in Deutschland und beherbergt mehr als 7 Mio. Medien, darunter 4,3 Mio. Bücher und Zeitschriften. 2004 wurde auch die Architekturbibliothek integriert.

Geschichte Bereits 1556 begann Kurfürst August sich eine Büchersammlung aufzubauen, die seine Nachkommen erweiterten. Ursprünglich im Residenzschloss und später in drei Pavillons des Zwingers untergebracht, zog die Bibliothek 1786 ins Japanische Palais, wo sie ab 1788 auch der Öffentlichkeit zugänglich war. Die Staats- und Universitätsbibliothek wiederum geht auf die 1828 gegründete Bibliothek der Königlich-Sächsischen Bildungsanstalt zurück. Die Gebäude beider Bibliotheken wurden im Zweiten Weltkrieg völlig zerstört, das in den Folgejahren bestehende Provisorium in einem Kasernengebäude in der Marienallee hatte Mitte 2002 ein Ende. Die Bibliotheken zogen in einen Neubau am Zellerschen Weg.

Besichtigung Die Bibliotheken besitzen über 800 *Wiegendrucke* aus dem 15. Jh. sowie etwa 950 orientalische und asiatische Handschriften, die *Kartensammlung* gehört zu den ältesten ihrer Art in Deutschland und umfasst über 126 000 Karten und Einzelblätter. In der Deutschen Fotothek befinden sich fast 1,7 Mio. Motive. Das **Buchmuseum** gibt in seiner Ausstellung im *Zimelienzimmer* Einblick in über 1000 Jahre Buchgeschichte und zeigt eine Auswahl weltberühmter Exponate, mittelalterliche Handschriften ebenso wie Inkunabeln und Stadtansichten des 17. Jh. Zu den Höhepunkten der Sammlung gehören ein Skizzenbuch von *Albrecht Dürer* und die autographen Vorlesungsmanuskripte über die Psalmen, die *Martin Luther* 1513–16 in Wittenberg niederschrieb. Der 1457 gedruckte *Mainzer Psalter*, der erste Dreifarbdruck der Welt, steht an Seltenheit und Wert der *Gutenberg-Bibel* nicht nach. Beutend ist auch die *Codex Boenerianus* genannte Pergament-Handschrift aus dem 9. Jh. Als wertvollstes Stück der Sammlung gilt die *Maya-Handschrift* (13. Jh.) – die umfangreichste der drei weltweit existierenden Exemplare. Sie zeigt auf übertünchten Feigenbaumfasern Bilder von Göttern, Zahlzeichen und Hieroglyphen. Die Handschrift aus der nachklassischen Zeit der Mayakultur, bekannt geworden als ›*Codex Dresdensis*‹, konnte bislang nur teilweise entziffert werden.

73 Kraszewski-Museum

Mit etwa 600 Büchern gilt der Pole als der produktivste Autor der Welt.

Nordstraße 28
Tel. 03 51/8 04 44 50
http://stadtmuseum.dresden.de
Mi–So 10–18 Uhr
Bus 91 bis Marienallee

Im Jahr 1873 veröffentlichte der polnische Schriftsteller Józef Ignacy Kraszewski (1812–1887) den ersten Band seiner **Sachsentrilogie**, der den Titel ›Gräfin Cosel‹ trug. Er wurde ein Bestseller, ebenso die beiden folgenden Bände ›Brühl‹ (1875) und ›Aus dem Siebenjährigen Krieg‹ (1876). Die kleine Villa, in der der Autor in dnen Jahren 1873–79 lebte, ist heute Museum. Während seines insgesamt 24-jährigen Dresden-Aufenthalts hat der Schriftsteller zwölfmal den Wohnsitz gewechselt. Das Museum würdigt nicht nur sein Werk, sondern auch die vielfältigen kulturellen und politischen Beziehungen zwischen Sachsen und Polen. Kraszewski war wegen seiner Teilnahme an nationalen Erhebungen in Polen 1831 zum Tode verurteilt worden, später begnadigt und 1863 als ›öffentlichkeitsgefährdend‹ des Landes verwiesen worden. Er wählte Dresden als Wohnsitz, wo er 1876 die sächsische Staatsbürgerschaft erhielt. Mit etwa 600 Büchern dürfte er der **produktivste Autor** der Weltliteratur gewesen sein.

74 Martin-Luther-Kirche

Markantes Zeichen des neogotischen Sakralbaus ist der spitze, hoch aufragende Turm.

Martin-Luther-Platz
Tram 11 bis Pulsnitzer Straße

Der neogotische Sakralbau (1883–87) mit neoromanischen Details ist ein typischer Kirchenbau aus der Zeit des Historismus. In der zweiten Hälfte des 19. Jh. waren den Architekten für protestantische Kirchenbauten Zwänge auferlegt. Das *Eisenacher Regulativ* von 1861 schrieb vor, dass sie in historischen Stilformen zu errichten seien. Die Architekten Ernst Giese und Paul Weidner hatten also für die Martin-Luther-Kirche strenge Vorgaben zu erfüllen. – Ein **Ehrenmal** (1928) hinter dem Chor ist den Toten des Ersten Weltkrieges gewidmet: Schöpfer des knienden Kriegers und der betenden Frau ist ein Gemeindemitglied – der Bildhauer August Schreitmüller.

Die Bürgerhäuser um den **Martin-Luther-Platz** stammen überwiegend aus dem 19. Jh. Der **Kugelbrunnen** (1992) von Christian Meyer ist eine künstlerische und physikalisch beachtenswerte Leistung. Die Kugel, aus schwer zu bearbeitendem grau-roten norwegischen *Granit* gehauen, hat das enorme Gewicht von rund einer Tonne. Von unten gegendrückendes Wasser hebt sie ein wenig an, sodass sie sich bei Berührung ganz leicht drehen lässt.

Am Martin-Luther-Platz/Ecke Prießnitzstraße liegt die erste Begräbnisstätte der jüdischen Gemeinde in Dresden. Der **Alte Jüdische Friedhof** wurde von 1751 bis 1869 genutzt, 1067 Tote wurden auf ihm begraben.

Der **Pferdetränkebrunnen** (1921) an der Bautzener Straße/Ecke Holzhofgasse erinnert an den einstigen Gasthof ›Zum Goldenen Löwen‹. Der war lange Zeit eine beliebte Ausspanne für die aus der Lausitz und aus Polen kommenden Fuhrwerke. Die Inschrift an diesem Granitbrunnen teilt mit, dass der ›Alte Tierschutzverein‹ ihn stiftete, ein Hinweis auf den Künstler fehlt allerdings – doch es war der Bildhauer Paul Polte.

Die Gegend hält noch eine Rarität bereit: **Pfunds Molkerei** in der Bautzner Straße 79, den wohl prachtvollsten Milchladen der Welt. Seit 1995 präsentiert sich das künstlerische Kleinod, nun ein Käseladen, wieder in der einstigen Schönheit.

Käse und Jugendstil – in Pfunds Molkerei erzählen Schmuckkacheln über die Milchgewinnung und Milchverarbeitung. Im Angebot sind zahlreiche köstliche Käsesorten

Farbig bemalte, halb plastische *Majolikafliesen* von Villeroy und Boch schildern anschaulich die Milchgewinnung und Milchverarbeitung. Der Molkereibetrieb Pfund, einst ein kleines Imperium an der Rückseite des jüdischen Friedhofes gelegen, war der erste in Deutschland, der Kondensmilch produzierte.

75 Dresdener Heide

Die ›grüne Lunge‹ der Stadt mit Mischwald, Rotbuchen und vielen kleinen Wasserläufen.

Nordöstlich vom Zentrum
Bus 305

Die 50 km^2 große Dresdener Heide, die ›grüne Lunge‹ der Stadt, ist ein beliebtes Naherholungsgebiet. Seinen besonderen Reiz erhält es durch zahlreiche Bäche und Quellen. Nur wenige Großstädte können ein solch großes Waldgebiet innerhalb ihrer Grenzen vorweisen. Durch das Nadel- und Mischwaldgebiet führt die **Radeberger Straße**. Fast in der Mitte, dort, wo die Große Hengstbrücke den Prießnitzbach überspannt, trifft man auf die im Schweizerhausstil erbaute Gaststätte ›Heidemühle‹ (1881). Westlich davon, am Saugarten, sieht man einen *Granitfindling* mit dem Bronzebildnis des Dresdner Landschaftsmalers und Kupferstechers Guido Hammer, der in der ersten Hälfte des 19. Jh. zahlreiche Bildmotive in der Heide fand. *Saugärten* ließen die Kurfürsten übrigens an mehreren Stellen einrichten. In ihnen wurden Wildschweine gehalten, die man zur Hetzjagd wieder freiließ. Im Zentrum der Heide liegt an einer großen Lichtung der Landgasthof **›Hofewiese‹** (mit dem Auto über den Gänsefußweg erreichbar). Einst wohnte in dem Haus der Wiesenvogt. Die Hofewiesen lieferten den Kurfürsten damals reichlich Futter für ihr Wild.

Von der Radeburger Straße führt der Moritz-Pillnitzer-Weg zum 211 m hohen **Wolfshügel** im Süden der Heide, dessen Name an die einst zahlreich vorkommenden Wölfe erinnert. Am Fuße des Hügels steht die *König-Albert-Säule* (1903) mit dem Porträt des Königs als Bronzerelief.

An der Mordgrundbrücke, am südlichen Rand der Heide bei der Bautzner Straße, sieht man die überlebensgroße Skulptur des *Zentauren Chiron* (1901/02) – der Meister der Heilkunde und der Jagdkünste aus der griechischen Mythologie. Otto Petrenz hat das Kunstwerk aus Sandstein geschlagen.

76 Schloss Albrechtsberg

Vom Prinzenpalais zur Jugendkunstschule.

Bautzner Straße 130
Tram 11 bis Schloss Albrechtsberg

Auf etwas ungewöhnliche Art kam Dresden zu diesem repräsentativen Bauwerk: Nach seiner Heirat mit einer Bürgerlichen zog es Prinz Albrecht von Preußen vor, Berlin zu verlassen. Zum Wohnsitz wählte sich der jüngste Sohn von König Friedrich Wilhelm III. die wunderschöne Lage oberhalb der Elbe am *Loschwitzhang*. Erbaut wurde das sandsteinverkleidete Schloss (1850–54) im spätklassizistischen Stil nach Plänen des preußischen Landbaumeisters Adolf Lohse. Dieser ließ sich bei seinem Bau von italienischen Renaissance-Villen beeinflussen. Zu DDR-Zeiten war das Schloss ›Pionierpalast‹ (Junge Pioniere, die Kinderorganisation des DDR-Jugendverbandes FDJ), heute wird es kulturell genutzt, außerdem ist hier eine Jugendkunstschule beheimatet.

77 Lingner-Schloss

Schloss oder Villa – das ist hier die Frage.

Bautzner Straße 132
Tram 11 bis Schloss Albrechtsberg

Preußenprinz Albrecht, der im benachbarten Schloss Albrechtsberg wohnte, wollte seinen Kammerherrn, Baron von Stockhausen, in seiner Nähe haben, ohne mit ihm unter einem Dach leben zu müssen. Deshalb durfte Stockhausen nicht mit im Prinzenschloss logieren, sondern bekam nebenan fast zeitgleich ein kleineres Schloss erbaut. Der Standesunterschied musste sich auch im Namen ausdrücken: Nicht Schloss, sondern **Villa Stockhausen** wurde das Bauwerk genannt. Wie bei Schloss Albrechtsberg kamen die Pläne von Adolf Lohse. Im Jahre 1906 kaufte der Großindustrielle Karl August Lingner, der Begründer des Hygiene-Museums und Erfinder des Odol-Mundwassers, das Anwesen. Eine seiner ersten ›Amtshandlungen‹ war, das schlichte Wort ›Villa‹ gegen die repräsentative Bezeichnung ›Schloss‹ auszuwechseln. Lingner († 1916) vermachte das Bauwerk der Stadt Dresden, beigesetzt wurde er in einem *Mausoleum* auf dem Grundstück.

78 Schloss Eckberg

Auch das dritte der Elbschlösser ist umgeben von einer schönen Parkanlage.

Bautzner Straße 134
Tram 11 bis Schloss Albrechtsberg

Viele Einheimische kennen das Bauwerk, das als typische Architektur der Dresdner Romantik gilt, auch unter dem Namen **Villa Souchay**. Denn der Großkaufmann John Daniel Souchay ließ es sich 1859–61 im englischen Burgenstil errichten. Baumeister war ein Schüler Sempers, Christian Friedrich Arnold. Der Name Schloss Eckberg wurde später geläufig, weil das Schloss auf einem Ecksporn des Berghangs steht. Wie Schloss Albrechtsberg und das Lingner-Schloss liegt es in einem

Konzert im Kronensaal – in Schloss Albrechtsberg wird die Renaissance wieder lebendig

Am Loschwitzhang oberhalb der Elbe entstand Mitte des 19. Jahrhunderts als Wohnsitz für Prinz Albrecht von Preußen Schloss Albrechtsberg inmitten einer schönen Parkanlage

schönen *Park*, von dem aus man weit ins Elbtal blicken kann. Zu DDR-Zeiten war das Haus als ›Jugendtouristikhotel‹ jungen Menschen vorbehalten, heute wohnen in Schloss Eckberg und dem dazugehörenden Kavalierhaus zahlungskräftige Gäste.

79 Schillerhäuschen

Erinnerungsstätte an den Aufenthalt Schillers in Dresden.

Schillerstraße 19
Tel. 03 51/65 64 80
http://stadtmuseum.dresden.de
Mai–Okt. Sa/So 13–17 Uhr,
jeweils nach Vereinbarung mit dem Stadtmuseum (s. o.)
Bus 61, 83 bis Körnerplatz

In dem kleinen Gartenhaus der Familie des Juristen und Literaturkritikers Christian Gottfried Körner fand **Friedrich von Schiller** 1785–87 und 1801 jene Ruhe, die er für die Arbeit am ›Don Carlos‹ benötigte. In dem kleinen, heute mit zeitgenössischem Mobiliar eingerichteten Raum schrieb er auch die Ode ›An die Freude‹. Zur Erinnerung an die Freundschaft zwischen Schiller und der Familie entstand der sandsteinerne *Schiller-Körner-Denkmalbrunnen*, der dem Schillerhäuschen gegenüber in die Weinbergsmauer eingefügt wurde. 1912/13 haben ihn der Bildhauer Otto Rassau und der Architekt Martin Pietzsch geschaffen. Das Relief, auf der linken Seite mit der Jahreszahl 1801, zeigt den Weggang Schillers von der Familie Körner. Rechts sieht man die Jahreszahl 1813, als nämlich Theodor Körner – der patriotische Dichter der Freiheitsbewegung gegen Napoleon – zum Lützowschen Freikorps verabschiedet wurde.

Prominente Besucher kamen seinerzeit ins nahe gelegene **Körnerhaus**, Körnerweg 6: Goethe, Wieland, Herder, Kleist,

Don Carlos im Gartenhäuschen – hier schrieb Friedrich von Schiller sein Meisterwerk

Sein Blaues Wunder kann man in Dresden tatsächlich erleben. Der Anstrich machte die Brücke (1891–93) bekannt – technisch ist sie ein Meisterwerk

die Brüder Humboldt und Mozart hielten sich ab 1785 als Gäste hier auf – Körners Sommerdomizil war ebenso wie seine 1945 zerstörte Stadtwohnung ein Mittelpunkt des Dresdner Geisteslebens. An den Loschwitzer Hängen besaßen zahlreiche Dresdner Adlige und wohlhabende Bürgerfamilien *Sommerhäuser* mit Weingärten, darunter der Hofjuwelier von August dem Starken, **Johann Melchior Dinglinger**. Dessen Sommerhaus, Schevenstraße 59, fällt wegen der goldenen Kuppel mit Wetterfahne auf.

80 Standseilbahn

In 3 Minuten 547 m bergauf – oder bergab.

Talstation: Körnerplatz, Loschwitz,
Bergstation: Bergbahnstraße,
Weißer Hirsch,
Bus 61, 83 bis Körnerplatz

Wer zum Villenvorort Weißer Hirsch möchte, sollte sich das Vergnügen gönnen, mit der Standseilbahn anzureisen. Sie ist die letzte ihrer Bauart in Europa! Drei Minuten werden für die 547 m benötigt, dabei wird ein Höhenunterschied von 95 m bewältigt. Die Bergstation befindet sich gegenüber dem Restaurant **›Luisenhof‹**, wegen der hervorragenden Aussicht auch ›Balkon Dresdens‹ genannt. In der Mitte wird eine 102 m lange und 12 m hohe Brücke passiert, ein Miniviadukt, welches die Ausweichstelle für die beiden gegenläufig verkehrenden Wagen bildet. Die am 26. Oktober 1895 eröffnete Bahn diente zunächst überwiegend dem Transport von Baumaterial. Es gab eigens dafür konstruierte Güterwagen, auf die die Fuhrwerke mit Pferden verfrachtet wurden. Das Seilbahnpersonal bevorzugte allerdings Ochsen, weil die für ihren stoischen Gleichmut bekannten Tiere während der beiden Tunneldurchfahrten am oberen und unteren Streckenende nicht scheuten. Seit 1905 dient die Bahn ausschließlich dem *Personenverkehr*. 1993/94 wurde der ›Veteran‹ aufpoliert und technisch modernisiert. Seitdem verkehren die Wagen ohne Personal und mit doppelter Geschwindigkeit (5 m/s).

81 Weißer Hirsch

Vom Kurort zum Nobelviertel mit luxuriösen Villen.

Oberhalb der Elbe im Nordosten der Stadt
Standseilbahn bis Bergbahnstraße

Es dürften noch etliche Jahre ins Land gehen, bis der Weiße Hirsch wieder das wird, was er einmal war: das *Nobelviertel* Dresdens mit wunderschön anzuschauenden Prachtvillen. Zu DDR-Zeiten verkamen die luxuriösen Häuser, auch heute noch verhindern vielfach ungeklärte Eigentumsverhältnisse, dass sie wieder herausgeputzt werden.

Ein gutes Beispiel für den verspielten Jugendstil stellt die **Villa Elbblick**, Wolfshügel-/Hermann-Prell-Straße, dar. Im Stil der Neuen Sachlichkeit zeigen sich vor allem Villen in der Collenbuschstraße, am Hainweg, Am Hochwald und in der Degelestraße. In der Stangestraße findet man das 1889 im romanischen Stil Norwegens erbaute **Kirchlein**. Im Haus Collenbuschstraße 4 wohnte der dänische Schriftsteller *Martin Andersen Nexö*, Autor von ›Pelle der Eroberer‹ und ›Ditte Menschenkind‹, von Anfang 1952 bis zu seinem Tod am 1. Juni 1954. Im Haus Riss-

weg 68, einer einstigen Künstlerpension, schrieb der Maler *Oskar Kokoschka* 1910 sein Drama ›Mörder, Hoffnung der Frauen‹. Es wurde 1917 am heute nicht mehr bestehenden Albert-Theater am Albertplatz uraufgeführt. Fast am Ende der Straße Plattleite Nr. 19, 25–31 sowie Zeppelinstraße 7–8 trifft man auf das Institut und das Wohnhaus des **›Roten Barons‹**, wie Professor Manfred Baron von Ardenne genannt wurde. Der 1997 verstorbene Baron war eine der schillerndsten Wissenschaftlerpersönlichkeiten des 20. Jh. In der Sowjetunion war er am Bau der Atombombe beteiligt, zudem ließ er mehr als 600 Erfindungen patentieren. Ardenne arbeitete u. a. an der ersten elektronischen Fernsehübertragung mit und entwickelte die ›Sauerstoff-Mehrschritt-Therapie‹.

Ab 1888 war der Weiße Hirsch, benannt nach einem schon lange nicht mehr existierenden Gasthof, zum **Kurort** geworden. Dr. Lahmanns physiatrisches (naturheilkundliches) *Sanatorium* an der Bautzner/Stechgrundstraße, zu dem auch zehn Villen gehörten, besaß bald einen guten Ruf. Östlich der Stechgrundstraße verwandelte man in den 20er-Jahren des 20. Jh. ein Randgebiet der Dresdener Heide in einen *Waldpark* mit Konzertplatz. Bei den sonntäglichen Konzerten sollen auch Paul Hörbiger und Theo Lingen gesehen worden sein. Das Sanatorium, von Kriegsende 1945 bis zu ihrem Abzug von der Sowjet- bzw. GUS-Armee als Lazarett genutzt, befindet sich in einem desolaten Zustand und wartet immer noch auf eine neue Nutzung.

82 Blaues Wunder

TOP TIPP

Technisches Wunder und Touristenattraktion.

Elbbrücke von Blasewitz nach Loschwitz
Tram 6, 12 und Bus 61, 83 bis Schillerplatz oder Bus 61, 83 bis Körnerplatz

Vor der Einweihung unterzog man die Blaues Wunder genannte Brücke einer Belastungsprobe: Drei Dampfwalzen, drei mit Steinen beladene Straßenbahnloren, sechs vierspännige Pferdewagen, ein vollbesetzter Straßenbahnwagen, vier gefüllte Wassersprengwagen, drei Kutschen, fünf Pferde, ein beladener Materialwagen, eine Kompanie des Dresdner Jägerbataillons und 150 Freiwillige wurden hier versammelt.

Die Brücke wurde von den Ingenieuren Claus Köpcke und Hans Manfred Krüger 1891–93 errichtet. Der Sprengung durch die SS in den letzten Tagen des Zweiten Weltkrieges entging das Blaue Wunder nur durch den beherzten Einsatz von zwei Dresdner Männern. Unabhängig voneinander hatten sie die Zündleitungen der Sprengsätze zerschnitten.

Die 3500 t schwere Konstruktion galt seinerzeit als *technische Meisterleistung*: Mit einer Länge von 141,50 m zwischen den beiden aus sandsteinverkleidetem Granit bestehenden Uferpfeilern überspannt die eiserne Hängebrücke die Elbe. Sie war damit eine der ersten strompfeilerfreien Brücken Europas. Der *blaue Schutzanstrich* brachte ihr den Beinamen Blaues Wunder ein. Die beiden 3 m breiten Gehbahnen für Fußgänger wurden 1935 angebaut.

83 Leonhardi-Museum

Neue Kunst in altem Fachwerkhaus.

Grundstraße 26
Tel. 03 51/2 68 35 13
www.leonhardi-museum.de
Di–Fr 14–18, Sa/So 10–18 Uhr
Bus 61, 83 bis Körnerplatz

Eine alte *Wassermühle* ließ sich der Fabrikbesitzer und Maler Eduard Leonhardi 1880 zum Ausstellungs- und Atelierhaus umbauen. In der heutigen **Städtischen Galerie** sind Bilder von Leonhardi zu sehen, und es werden Ausstellungen noch unbekannter Dresdner Künstler gezeigt, was dem Vermächtnis von Leonhardi entspricht. Er hatte an der Dresdner Kunstakademie u. a. bei Ludwig Richter studiert und erwarb sich den Ruf als ›Maler des deutschen Waldes‹. Er förderte zudem junge Maler, indem er ihnen sein Haus zum Arbeiten und für Ausstellungen öffnete. Diese nannten den Fachwerkbau ›Rote Amsel‹, die Sprüche auf der Fassade erzählen vom Zeitgeist des ausgehenden 19. Jh., z. B.: »Dem Verdienst ist Hochmut nicht erlaubt, denn eine volle Ähre senkt ihr Haupt.«

84 Bergschwebebahn

Mit der ältesten Bergschwebebahn der Welt zu schönen Aussichtspunkten.

Pillnitzer Landstraße
Bus 61, 83 bis Körnerplatz

Nicht nur für Touristen ist sie ein begeisterndes, 274 m langes und nur drei Minuten dauerndes Nahverkehrsvergnügen. Während der Fahrt, und vor allem von der Bergstation aus, bietet sich eine fantastische *Aussicht* auf das Dresdner Elbtal. Am 6. Mai 1901 drängten sich Hunderte an der

Im dicht beschriebenen Fachwerkhaus des Malers Leonhardi entstand die Städtische Galerie

Die Bergschwebebahn und die Loschwitzer Kirche in harmonischer Koexistenz von Technik und christlicher Architektur

Landstraße nach Pillnitz und vor der Gaststätte ›Schöne Aussicht‹ auf der *Loschwitzhöhe*, denn: Sachsens Kronprinz Friedrich August war persönlich gekommen, um die Bergschwebebahn zu eröffnen. Das Interesse der Dresdner an dem neuen Verkehrsmittel war groß, bis zum Jahresende kletterten 385 000 in die Waggons. Seit 1975 steht die Bahn, die 1984–91 umfassend saniert wurde, unter Denkmalschutz.

85 Loschwitzer Kirche

Die ›kleine Schwester‹ der Frauenkirche erstand wieder originalgetreu.

Pillnitzer Landstraße
Bus 61, 83 bis Körnerplatz

Am 3. Oktober 1994 fand erstmals wieder ein Gottesdienst statt: Die Loschwitzer Kirche, auch Kleine Frauenkirche genannt, war nach ihrer Zerstörung 1945 originalgetreu wieder aufgebaut worden. Dresdner Künstler wie die Kammersänger Theo Adam und Peter Schreier hatten zuvor für den Wiederaufbau auf Benefizkonzerten in ganz Deutschland gesammelt. Der Grundstein für die Kirche wurde im Juni 1705 gelegt. Der Entwurf für den barocken Zentralbau mit einem Kanzelaltar stammt von George Bähr und Johann Gottfried Fehre d. Ä. Er gilt als ›kleine Schwester‹ der Frauenkirche [Nr. 27].

Von der Kirche sind es, am Körnerplatz vorbei, keine 500 m bis zur Elbe. Dort hat sich noch einiges vom alten Dorf Loschwitz erhalten, darunter das **Fachwerkhaus Fährgut** (1697). Die Pillnitzer Landstraße führt elbaufwärts zum fünfgeschossigen **Künstlerhaus** (1897/98), einem der frühesten Bauwerke des Jugendstils in Dresden. Der Loschwitzer Architekt Martin Pietzsch hat es mit einfachen Materialien als Atelier- und Wohnhaus für Maler und Bildhauer errichtet. Gegenüber, auf dem **Loschwitzer Friedhof**, ruhen bedeutende Persönlichkeiten.

86 Fernsehturm

›Elbnadel‹ wird das Wahrzeichen von Dresden-Ost genannt.

Oberwachwitzer Weg
Bus 61 bis Fernsehturm

Auf der *Oberwachwitzer Höhe* (230 m) steht das höchste Bauwerk der Stadt, der 252 m hohe Fernsehturm. Millionen Menschen ließen sich seit Oktober 1969 mit zwei *Schnellaufzügen* 148 m durch den Turm zur Aussichtsplattform hinauf und zu den beiden *Café-Geschossen* bringen. Der Rundblick über Dresden aus ungewöhnlicher Turmperspektive war fantastisch. Im Jahr 1990 wurde die Telekom neue Eigentümerin des ›Elbnadel‹ genannten Turms. Seitdem ist das Dresdner Wahrzeichen leider nicht mehr öffentlich zugänglich. Touristisch hat der Turm damit seine Bedeutung verloren, als Bauwerk bleibt er jedoch wichtig.

87 Pfarrkirche Maria am Wasser

Seit Jahrhunderten trägt das Kirchlein die volkstümliche Bezeichnung ›Schifferkirche‹.

Kirchgasse
Bus 83 bis Van-Gogh-Straße

In Hosterwitz legten die Elbschiffer meist eine Pause ein, denn hier gab es eine Furt, die zum Umladen der Fracht zwang. Und bevor die Schiffer sich dann von der Elbe weitertragen ließen, eilten sie zum Gebet in die nahe gelegene Pfarrkirche Maria am Wasser – die tatsächlich direkt am Wasser steht. Eine Mauer schützt das einladend wirkende Gotteshaus und den historischen **Friedhof** mit Grabsteinen aus dem 18. und 19. Jh. vor dem Hochwasser der Elbe. Das bereits im Jahr 1406 erstmals erwähnte Kirchlein wurde 1704 im Barockstil erweitert und modernisiert, 1774 bekam der *Kirchturm* seine barocke Zwiebelspitze.

88 Carl-Maria-von-Weber-Museum

In dem einstigen Weinbauernhaus entstanden große Teile der Oper ›Freischütz‹.

Dresdner Straße 44
Tel. 03 51/2 61 82 34
http://stadtmuseum.dresden.de
Mi–So 13–18 Uhr
Bus 83 bis Van-Gogh-Straße

»Oh, Hosterwitz, oh Ruhe«, schrieb *Carl Maria von Weber* (1786–1826) 1818 in sein Tagebuch. Damals verbrachte er zusammen mit seiner Frau Caroline das erste Mal die Sommerferien im Elbweindorf Hosterwitz, das mittlerweile längst zu Dresden gehört. Bis 1824 waren die Webers fast jedes Jahr von Mai bis August in dem kleinen *Weinbauernhaus* zu Besuch, das heute als Carl-Maria-von-Weber-Museum fungiert. In der mit zeitgenössischem Mobiliar ausgestatteten ›Kompositionsstube‹, wie Weber sein Arbeitszimmer im ersten Stock nannte, entstanden große Teile der Oper ›Freischütz‹ (1821) und die Klaviermusik ›Aufforderung zum Tanz‹ (1819). Aus dem Besitz von Webers Urenkelin Mathilde stammen Stimmgabel, Siegelring und Petschaft des Komponisten, der ab 1817 Kapellmeister an der Dresdner Oper war.

89 Weinbergkirche Zum Heiligen Geist

Nach dem Besuch des barocken Kirchleins sollte man den sagenhaften Blick genießen.

Oberhalb vom Bergweg
Bus 83 bis Pillnitzer Platz

In seinen Weinbergen ließ August der Starke die barocke Kirche (1723–27) mit einem hölzernen Dachreiter erbauen. Sie war für den evangelischen Hofgottesdienst in der Sommerresidenz Schloss Pillnitz bestimmt, da die dortige Kirche im Jahr 1723 Umbauten weichen musste. Die Pläne für den Neubau der Weinbergkirche lieferte Oberlandbaumeister Matthäus Daniel Pöppelmann, für die Steinmetzarbeiten zeichnete der Permoser-Schüler Benjamin Thomae verantwortlich. Der *Altar* (1648), der wie die Taufe aus der Pillnitzer Schlosskirche stammt, ist eine Arbeit des Bildhauers Johann Georg Kretzschmar. Er gehört zu den wenigen Ausstattungsstücken dieser Art, die aus der Zeit nach dem Dreißigjährigen Krieges erhalten geblieben sind.

Stilstudie der Spätrenaissance – das ›Abendmahl‹ vom Altar (1648) der Weinbergkirche Zum Heiligen Geist

Im Bereich des Pillnitzer **Großen Berges** lohnt es sich zu wandern, denn die Aussicht auf die weite Landschaft ist herrlich. Auch finden sich noch vereinzelt Relikte des historischen Weinanbaus, so die *Weinpresse* (1827) am Bergweg. Nordwestlich der Weinbergkirche liegt – leicht versteckt – eine künstliche *Ruine* von 1785, die Johann Daniel Schade im Stil der Neogotik gestaltete.

Lustschloss für die Geliebte: Schloss Pillnitz war eines der ambitionierten Projekte Augusts des Starken, hier das Wasserpalais mit Freitreppe (1720/21)

90 Schloss Pillnitz
Kunstgewerbemuseum Dresden

In der einstigen Sommerresidenz des Dresdner Hofes, einem harmonischen Zusammenspiel von Architektur und Natur, zeigt das Kunstgewerbemuseum seine Schätze.

Staatl. Kunstsammlungen Dresden
Tel. 0351/4 91 46 19
www.skd-dresden.de
Bergpalais Mai– Okt. Di–So 10–18 Uhr,
Wasserpalais Mai–Okt. Mo, Mi–So 10–18 Uhr
Bus 83 bis Pillnitzer Platz und Sächsische Dampfschiffahrt

Weit geschwungen und von interessanten steinernen Sphinxen eingefasst führt die große Freitreppe vom Elbufer hinauf zum Wasserpalais. Über sie schritten einst Sachsens Kurfürsten und Könige, nachdem sie mit Gondeln aus Dresden angereist waren. Pillnitz, die beschwingt-bezaubernde Anlage an der Elbe, war ab Ende des 18. Jh. die Sommerresidenz des sächsischen Hofes.

Geschichte 1694 schenkte Kurfürst Johann Georg IV. das Pillnitzer Schloss seiner kaum zwanzigjährigen Mätresse *Magdalene Sibylle von Neidschütz*. Ob die beiden sich jemals darin verlustieren konnten, ist nicht bekannt, denn wenige Monate später waren sie an den Pocken gestorben. Auch Bruder Friedrich August I. machte das Schloss zum Geschenk. Er beglückte damit seine berühmteste Mätresse, die *Reichsgräfin von Cosel*. Als diese bei ihm in Ungnade gefallen war und sich der Kurfürst das Anwesen wieder angeeignet hatte, ließ er es von Matthäus Daniel Pöppelmann und Zacharias Longuelune umgestalten. Ab 1720 wurden das Wasserpalais und das Bergpalais erbaut. 1725 erlebte Pillnitz anlässlich der Hochzeit von Prinzessin Auguste Constantine, der ältesten Tochter von August dem Starken und Reichsgräfin Cosel, sein aufwendigstes Fest. Vier Wochen lang feierten und tafelten die Gäste. Das Neue Palais entstand an der Stelle des 1818 abgebrannten Renaissanceschlosses, in dem die Mätressen der Kurfüsten Johann Georg IV. und Friedrich August I. wohnten. Die Bauten im Park, darunter der *Englische Pavillon* (1780), wurden Ende des 18. bzw. Anfang des 19. Jh. errichtet.

Besichtigung Die Nachbildung chinesischer und japanischer Zierformen kam in der zweiten Hälfte des 17. Jh. in Mode. August der Starke befahl, das Lustschloss in Pillnitz ›indianisch‹ zu gestalten. Mit ›indianisch‹ war Indien gemeint, mit dem wiederum damals der gesamte Ferne Osten bezeichnet wurde. Das **Wasserpalais** (1720/21) war das erste Beispiel des Chinoiseriestils in Europa. Es bildet ein

Ensemble mit dem spiegelgleichen **Bergpalais** (1722/23) und dem **Neuen Palais** (1822) um den Lustgarten. Die Seitenflügel (1788–91) von Berg- und Wasserpalais wurden nach Plänen von Christian Traugott Weinlig und Johann Daniel Schade erbaut. Sie waren als Wohnflügel für Hofbedienstete bestimmt. Das Neue Palais, von Christian Friedrich Schuricht im Stil des Klassizismus mit barocken Anklängen errichtet, passt sich mit seinen geschwungenen Dächern harmonisch den Nachbarbauten an.

Berg- und Wasserpalais beherbergen heute das **Kunstgewerbemuseum Dresden**. 1876 wurde es unter dem Namen ›Königliches Kunstgewerbemuseum‹ gegründet. Die in die damalige Sowjetunion verbrachten Gegenstände kehrten 1958 nach Dresden zurück. 1962 konnte im Pillnitzer Wasserpalais die erste Dauerausstellung eröffnet werden. Präsentiert wird europäisches Kunsthandwerk vom *Mittelalter* bis zur *Gegenwart*: Möbel, Musikinstrumente, Keramik, Metall- und Edelmetallarbeiten und Textilien. Etwa 2500 Möbel nennt das Museum sein Eigen, darunter viele aus den *Deutschen Werkstätten* in *Hellerau* [Nr. 69].

TOP TIPP Ein Werk mehrerer Generationen ist der **Schlosspark** von Pillnitz. In ihm steht die um 1790 erbaute *Rote Tritonengondel*, eine der zahlreichen Schaluppen, mit denen sich Angehörige des Hofes auf der Elbe herumfahren ließen. Eine dendrologische Kostbarkeit stellt die um 1780 gepflanzte *japanische Kamelie* dar, die von März bis Mai blüht. Sie ist heute 8,50 m hoch und hat einen Kronendurchmesser von 12 m. Von vier im 18. Jh. nach Europa gebrachten Exemplaren blieb jenes in Pillnitz als Einziges erhalten. Im Winter schützt den empfindlichen Baum seit 1992 ein neues, 54 t schweres Stahl-Glas-Haus mit einem Außendurchmesser von 14,35 m.

Historische Szene – August der Starke und sein Hofstaat beim Elbhangfest im Pillnitzer Park

Im Wasser- und im Bergpalais von Schloss Pillnitz fand das Kunstgewerbemuseum einen wunderschönen Rahmen

Ausflüge in die Umgebung – weißes Gold und Gipfelblicke

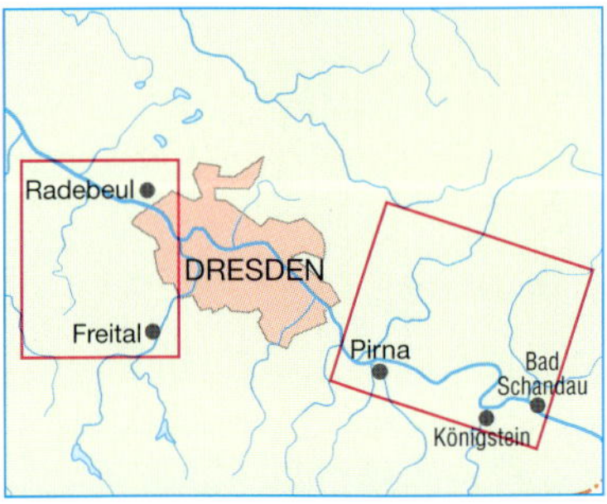

Landschaftliche Vielfalt bietet Dresdens Umgebung, in die kunst- und kulturhistorische Kostbarkeiten gebettet sind. Wie etwa **Meißen**, die ›Wiege Sachsens‹ und Herkunftsort des weltberühmten Porzellans. Die Fahrt dorthin – ob auf der Elbe oder der Straße – führt an den Hängen des kleinsten und nördlichsten **Weinanbaugebietes** Deutschlands vorbei. Nicht wenige Dresden-Besucher lassen sich in der warmen Jahreszeit mit einem der nostalgischen *Schaufelraddampfer* elbaufwärts tragen, in das **Elbsandsteingebirge**, die Sächsische Schweiz mit ihren wuchtigen und bizarren *Sandsteinfelsen* und *beschaulichen Tälern*. Nicht alle, die im **Kurort Rathen** die Dampfer verlassen, streben der **Bastei** zu – der Attraktion des Gebirges. Das Ziel vieler ist die **Felsenbühne Rathen**, auf der oft die Helden Karl Mays agierten – eines der schönsten Naturtheater Deutschlands.

91 Meißen

Die ›Wiege Sachsens‹, berühmt geworden durch das Porzellan mit den ›Gekreuzten Schwertern‹ auf der Unterseite.

Nordwestlich von Dresden
S-Bahn 1 bis Meißen Hbf und Sächsische Dampfschiffahrt

Wer zartes Glockenspiel vernimmt, befindet sich unweit des traditionsreichen Meißner Marktplatzes. Die Glocken, 37 an der Zahl, hängen seit 1929 im Turm der Frauenkirche, sie sind – wie könnte es in Meißen anders sein – aus dem berühmten Porzellan hergestellt. Die Silhouette von Meißen (32 000 Einwohner) prägt der Burgberg mit der Albrechtsburg und dem Dom. Zahlreiche Gassen mit unzähligen Stufen führen zum Burgberg hinauf.

Geschichte Unterhalb der von Heinrich I. im Jahr 929 gegründeten Burg entstand die Stadt Meißen. Um 1200 wurde die Siedlung planmäßig zur Bürgerstadt mit dem Marktplatz als Kernstück erweitert. Der Burgberg war als *Herzogsresidenz* und *Bischofssitz* das Machtzentrum, er verlor seine Bedeutung mit der Reformation und der Verlegung der Residenz nach Dresden im 15. Jh. Die Burg baute Arnold von Westfalen, einer der besten Baumeister seiner Zeit, 1471–85 zum Schloss um – dem ersten in Mitteleuropa. August der Starke richtete hier 1710 die *Porzellan-Manufaktur* ein, hinter den dicken Mauern glaubte er das Produktionsgeheimnis sicher.

Besichtigung Als einer der schönsten gotischen Profanbauten gilt **Schloss Albrechtsburg** (Domplatz 1, Tel. 0 35 21/ 4 70 70, www.albrechtsburg-meissen.de, März–Okt. tgl. 10–18 Uhr, Nov.–Febr. 10–17 Uhr). Heute gibt in den Räumen eine Ausstellung Einblick in das sächsische Kunstschaffen vom 12. bis 16. Jh. Der Bau des Treppenaufgangs *Großer Wendelstein* war seinerzeit eine technische Meisterleistung und einmalig in Deutschland. Die Ausmalung der Räume mit Darstellungen aus der Burggeschichte erfolgte 1873–82 durch Professoren der Dresdner Kunstakademie.

Der **Dom** (www.dom-zumeissen.de, Tel. 0 35 21/45 24 90, April–Okt. tgl. 9–18 Uhr, Nov.–März tgl. 10–16 Uhr; Mai–Okt. Mo–Sa 12 Uhr Orgelmusik). Mitte des 13. Jh. als Basilika begonnen, wurde er im 14. Jh. zur dreischiffigen Hallenkirche ausgebaut. Das Gotteshaus, einst Hauptkathedrale des Bistums Meißen, bildet mit der Albrechtsburg ein Ensemble. Seine Ausstattung gehört zu den reichsten in Sachsen. Die Stifterfiguren im *Inneren* sind

Mit dem Raddampfer nach Meißen – Burg und Dom beherrschen Stadtbild und Elbe

hervorragende bildhauerische Werke aus dem 13. Jh., das Chorgestühl stammt aus den Jahren 1529/30. Von den zahlreichen Grabplatten ist die für Markgraf Friedrich den Streitbaren (1370–1428) von besonderer kulturgeschichtlicher Bedeutung. Sie stammt vermutlich aus der Nürnberger Erzgießerwerkstatt Vischer.

1864/65 zog die **Porzellan-Manufaktur Meissen** vom Burgberg in die Talstraße 9, dort werden in der Schauhalle des **Porzellanmuseums** (Tel. 0 35 21/46 87 00, www.meissen.de, Museum und Schauwerkstatt tgl. 9–18 Uhr, Nov.–April bis 17 Uhr) die schönsten Stücke aus der Sammlung präsentiert. Man sieht z. B. das ›Zwiebelmuster‹, das erfolgreichste Tafelgeschirr der Manufaktur, von dem es mittlerweile etwa 750 verschiedene Einzelstücke gibt. In der Schauwerkstatt werden das Drehen, Bossieren sowie die Unter- und Aufglasurmalerei gezeigt.

Den **Markt** zieren das Rathaus (1472) und schmucke Bürgerhäuser. Vom Turm der Mitte 15. Jh. erbauten **Frauenkirche** (Tel. 0 35 21/45 38 32, Mai–Okt. tgl. 10–12 und 13–17 Uhr) hat man einen wunderschönen Blick über die Stadt. Weithin bekannt wurde die Weingaststätte **›Vincenc Richter‹** in einem hübschen Fachwerkhaus, dessen Innenausstattung teilweise aus Meißner Raritäten besteht. Regionale Weine gehören hier zum Standardangebot.

92 Moritzburg

Ein wunderschönes Barockschloss, der am weitesten im Binnenland gelegene Leuchtturm Europas und eine zauberhafte Landschaft.

Nordwestlich von Dresden
Bus 326, 457, 458

›See-Festung‹ und ›Liebesschloss‹ war die Moritzburg zu Zeiten von August

Schöner Tafeln – die Porzellan-Manufaktur Meissen präsentiert gediegene Tischkultur

Schloss Moritzburg, Jagdschloss Augusts des Starken, liegt inmitten eines künstlichen Teiches

dem Starken. Hier jagte der Kurfürst Hirsche – und die berühmten schönen Sächsinnen. Nahe bei Dresden, in einem wildreichen Waldgebiet, von zahlreichen Seen durchzogen, bot der Ort ideale Jagdbedingungen. Augusts erste Mätresse, *Maria Aurora Gräfin von Königsmarck*, nannte ihren 1696 geborenen Sohn – wohl in Erinnerung an manche mit dem Kurfürsten im Schloss verbrachte Liebesnacht – nach diesem Bauwerk: Moritz. Wie dieser Moritz Graf von Sachsen 1725 und 1746 als Marschall von Frankreich aussah, haben Jean Marc Nattier und Jean Etienne Liotard in Gemälden festgehalten, die in der Dresdner Gemäldegalerie Alte Meister [Nr. 5] hängen. Die reizvolle Gegend um das Schloss, als **Kulturlandschaft Moritzburg** bezeichnet, ist eine im europäischen Rahmen einmalige, über 400 Jahre hinweg schöpferisch gestaltete Landschaft.

Der Große Bankettsaal des Schlosses präsentiert königliche Jagdtrophäen – eine bedeutende Sammlung von Rothirschgeweihen

Einen Besuchermagnet im hübschen Moritzburg bildet das am Wasser gelegene barocke **Schloss Moritzburg** (Tel. 03 52 07/87 30, www.schlossmoritzburg.de, April–Okt. tgl. 10–17 Uhr, Nov.–März Di–So 10–16 Uhr, Jan. Sa/So 10–16 Uhr) mit seinen vier mächtigen Rundtürmen. Sein heutiges Aussehen bekam es 1723–36 unter August dem Starken, die Umgestaltung leiteten Matthäus Daniel Pöppelmann und Zacharias Longuelune. Die Anlage mit ihren vier Prunksälen und über 200 Räumen ist bis heute unverändert erhalten geblieben. Bis zum Ende des Zweiten Weltkrieges war sie Wohnsitz der Wettiner. Seit 1947 sind Teile des Schlosses als *Museum* zugänglich. An der Innenausstattung waren die besten Künstler beteiligt, die damals in Dresden wirkten. Zu sehen ist barocke Wohnkultur aus der Zeit Augusts des Starken. Zu den Kostbarkeiten gehören u. a. die vergoldeten *Ledertapeten* (17. Jh.). Die Dekoration der meisten Räume ist thematisch der höfischen Jagd gewidmet, die Sammlung der *Rothirschgeweihe* gilt als eine der bedeutendsten der Welt.

Das nahe gelegene zierliche **Fasanenschlösschen** (1769–82) haben Johann

Daniel Schade und Johann Gottlob Hauptmann geschaffen. Nur Attrappe ist der *Leuchtturm* (1780–90) am kleinen Hafen des Gondelteiches. Im seit dem 16. Jh. bestehenden **Wildgehege Moritzburg** (Tel. 03 52 07/8 22 20, März–Okt. tgl. 10–18 Uhr, Nov./Dez. tgl. 9–16 Uhr, Jan., Febr. Sa/So und Winterferien in Sachsen tgl. 9–16 Uhr; tgl. 14.30 Schaufüttern) nordwestlich vom Fasanenschlösschen lebt Rot-, Dam- und Schwarzwild unter natürlichen Bedingungen. An drei Sonntagen im September zieht die *Moritzburger Hengstparade* des Sächsischen Landgestüts Tausende Besucher aus nah und fern an.

Im Rüdenhof, Meißner Str. 7, unweit des Schlosses Moritzburg wurde 1995 die **Käthe-Kollwitz-Gedenkstätte** (Tel. 03 52 07/8 28 18, www.kollwitzmoritzburg.de, April–Okt. Mo–Fr 11–17, Sa/So 10–17 Uhr, Nov.–März Di–Fr 12–16, Sa/So 11–16 Uhr) eröffnet. Die berühmte Künstlerin war hier 1945 gestorben.

Die Reise zum nächsten Ziel, Radebeul, kann zum besonderen Erlebnis werden, wenn man die von einer Dampflokomotive gezogene **Schmalspurbahn** benutzt. Die 1884 eingeweihte 750-mm-Trasse von Radebeul Ost nach Radeburg ist 16,5 km lang. Die Geschwindigkeit beträgt heute – wie schon im Eröffnungsjahr – etwa 30 km/h. Elf Stationen werden von den Zügen bedient, von Moritzburg nach Radebeul dauert die Fahrt 30 Minuten.

93 Radebeul

Wallfahrtsort für die Fans von Winnetou und Old Shatterhand.

Nordwestlich von Dresden
S1 bis Radebeul Ost

Die landschaftliche Lage und ein besonders mildes Klima machten die Gegend zu einem *Obst-* und *Weingarten*, aber auch zu einem begehrten Wohnbezirk für Wohlhabende, zu denen auch der Bestsellerautor **Karl May** (1842–1912) gehörte. Die Bücher des Schöpfers von Winnetou und Old Shatterhand wurden in 28 Sprachen übersetzt, die Gesamtauflage beträgt mehr als 80 Mio. Exemplare. In Radebeul haben die **Landesbühnen Sachsen**, ein Mehrspartentheater, ihr Stammhaus. Hier gibt es auch ein vorzügliches Hotel: das *Steigenberger Parkhotel Dresden-Radebeul* (Nizzastr. 55, Tel. 03 51/8 32 10, Fax 03 51/8 32 14 45, www.dresden.steigenberger.de) mit dem exzellenten Restaurant Lössnitz.

Durch den Zusammenschluss von ursprünglich zehn Gemeinden, deren Geschichte teilweise bis ins 8. Jh. zurückreicht, entstanden 1924 zunächst die Orte Radebeul und Kötzschenbroda, die 1935 zur Stadt Radebeul vereint wurden.

Die meisten Besucher eilen zur *Villa Shatterhand*, die heute das **Karl-May-Museum** (Karl-May-Str. 5, Tel. 03 51/83 73

Lehrreiche Lederhäute: Die Räume von Schloss Moritzburg prunken mit bemalten Ledertapeten – dargestellt sind mythologische Jagdszenen

Indianerfigur in der ›Villa Bärenfett‹ des Karl-May-Museums in Radebeul

00, www.karl-may-museum.de, März–Okt. Di–So 9–18 Uhr, Nov.–Febr. Di–So 10–15.30 Uhr) beherbergt. In dem stattlichen Gebäude hat der erfolgreiche Schriftsteller seine letzten Lebensjahre verbracht. In der *Villa Bärenfett*, einem Blockhaus von 1925 im Garten der May-Villa, ist eine prachtvolle Sammlung zur Lebensweise der Indianer Nordamerikas zu sehen, zusammengetragen hat sie der weit gereiste Artist Patty Frank.

Auf dem **Friedhof Radebeul Ost**, Serkowitzer Straße, wurde für den 1912 verstorbenen Karl May eine bombastische Grabanlage errichtet.

Erhalten haben sich in Radebeul auch historische Weingüter, so das von Johann Christoph Knöffel für den General Graf von Wackerbarth 1727–29 erbaute **Schloss Wackerbarth** (Tel. 03 51/8 95 52 00, www.schloss-wackerbarth.de, Markt tgl. 9.30–18 Uhr, Touren tgl. 10–16.30 Uhr), in dem das Sächsische Staatsweingut eine zu besichtigende *Wein- und Sektmanufaktur* – die drittälteste in Deutschland – eingerichtet hat. Wahrzeichen der Anlage mit herrlichem Barockgarten ist das Belvedere am Fuße des Weinbergs.

Ein interessantes *Weinbaumuseum* beherbergt das als Berg- und Lusthaus in den Jahren 1648–50 erbaute **Schloss Hoflößnitz**. (Knohlweg 37, Tel. 03 51/8 39 83 33, www.hofloessnitz.de, Di–Fr 14–18 Uhr, Sa/So 10–18 Uhr). Der *Festsaal* im Obergeschoss ist mit 80 Deckengemälden des holländischen Malers Albert van dem Eyckhout geschmückt. Die Malereien zeigen exotische Vögel. Heute wird der Saal für Konzerte und Lesungen genutzt.

Vom Schloss Hoflößnitz führt eine barocke Treppe (1747–50), ein Werk von Matthäus Daniel Pöppelmann, zum Aussichtspunkt *Spitzhaus*. Es ist die längste Treppenanlage Sachsens, im Volksmund **›Himmelsleiter‹** oder wegen ihrer angeblich 365 Stufen ›Jahrestreppe‹ genannt. In Wirklichkeit sind es jedoch einige Stufen mehr, deshalb wurde nach Abschluss der Rekonstruktion Ende 1992 an entsprechender Stelle eine Tafel mit folgendem Text angebracht: »Damit der Volksmund recht behält, wird künftig erst ab hier gezählt. Von hier an ist es wirklich wahr, bis oben hin ergibt's ein Jahr.« Die Mühe des Aufstiegs wird mit einem herrlichen Blick ins Elbtal belohnt.

94 Tharandter Wald

Eines der schönsten und größten Waldgebiete Sachsens.

Südwestlich von Dresden
Regionalbus SEV ab Dresden Hbf bis Tharandt Bhf

Täler und Bäche, Bergkuppen, Felsen und herrliche Mischwälder – das alles macht das 6000 ha große Gebiet nahe Dresden zu einem beliebten Ausflugsziel. Der Wald war früher Forst- und Jagdrevier der Kurfürsten. Im Zentrum der grünen Oase befindet sich das zum *Kurort Hartha* gehörende **Jagdschloss Grillenburg** (Hauptstr. 7, Tel. 03 52 02/20 27, Di–So 10–17 Uhr) mit einer jagd- und forstwirtschaftliche Lehrschau. Der **Forstbotanische Garten** (Am Forstgarten 1, Tel. 03 52 03/3 83 12 58, www.forstbotanik.com, April–Okt. Sa–Do 8–17 Uhr) von *Tharandt* (3000 Einw.) entstand mit der 1811 von Heinrich Cotta gegründeten Forstlehranstalt, aus der fünf Jahre später die Königliche Sächsische Forstakademie hervorging. Das knapp 18 ha große Areal mit 12 km befestigten Wegen ist die älteste wissenschaftliche Sammlung lebender Gehölze der Welt. Mit über 3000 verschiedenen Arten ist es aber auch zugleich der größte Forstpark in Europa. Hier kann auch der ›Vater der Forstwissenschaft‹, wie Cotta genannt wird, betrachtet wer-

Von der Gotik bis zum Klassizismus – Schloss Weesenstein blickt zurück auf eine lange Baugeschichte, die mit dem Rundturm um 1300 begann

den: Die *Bronzebüste Cottas* (1851) hat Ernst Rietschel geschaffen. Malerisch thront über Tharandt die Ruine einer alten **Burg** (13. Jh.). ›Heilige Hallen‹ tauften die Romantiker den Rotbuchenwald am Hang des *Weißeritztales* oberhalb des Städtchens.

95 Schloss Weesenstein

Verschiedene Baustile prägen das durch seine reiche Tapetensammlung bekannt gewordene Bauwerk.

Südöstlich von Dresden im Müglitztal
Am Schlossberg 1
Tel. 03 50 27/62 60
www.schloss-weesenstein.de
April–Okt. tgl. 9–18 Uhr,
Nov.–März tgl. 10–17 Uhr

Das Weesensteiner Schloss, auf einem *Felskegel* an der Talstraße von Heidenau ins östliche Erzgebirge gelegen, zählt zu den schönsten Schlössern Sachsens. Die Gebäude, die durch Treppen miteinander verbunden sind, fügen sich trotz ihrer verschiedenen Baustile harmonisch zu einer Anlage. Der dazugehörige Ort Weesenstein gehört zu jenen, die das Jahrhunderthochwasser 2002 stark zerstörte.

1830 erwarben die Wettiner das erstmals 1318 als Burg erwähnte Schloss. König Johann betrieb hier seine wissenschaftlichen Studien. Während des Zweiten Weltkrieges waren auf Schloss Weesenstein *Dresdner Kunstschätze* eingelagert, 1945 zogen Vertriebene ein, 1952 erfolgte die Wiedereröffnung des bereits 1934 gegründeten Museums.

Weesenstein prägen Baustile von der Gotik bis zum Klassizismus. Der **Rundturm** (um 1300) ist der älteste Teil, später wurden Burg und Schloss von der Felskuppe aus nach unten erweitert, einige Räume sind direkt aus dem Felsen herausgemeißelt. Die jeweiligen Schlossbe-

Chinesische Reispapiertapete (um 1720) – Weesenstein ist stolz auf seine umfangreiche Sammlung

sitzer bauten immer wieder neue Gebäude an und verhalfen dem Bauwerk so zu seinem recht eigenartigen Aussehen. Prachtvoll anzuschauen ist der *Festsaal* mit seiner üppig stuckierten Decke und kostbaren französischen Ledertapeten (um 1720). Die **Tapetensammlung** ist so umfangreich und wertvoll, dass Weesenstein oft als *Tapetenschloss* bezeichnet wird. In den königlichen Gemächern gehören neben Tapeten auch Möbel und Kunsthandwerk des 18./19. Jh. zur Ausstattung. Eine Ausstellung widmet sich dem Leben und Wirken von König Johann. Die *Schlosskapelle* (1738–41), ein Werk von Johann Georg Schmid, ist original erhalten. Die Altarfiguren aus Holz stammen vermutlich vom Permoser-Schüler Benjamin Thomae.

96 Barockgarten Großsedlitz

Die vollkommenste Anlage eines Barockgartens in Sachsen.

Südöstlich von Dresden
Parkstr. 85, Heidenau-Großsedlitz
Tel. 0 35 29/5 63 90
www.barockgarten-grosssedlitz.de
Mitte März–Sept. tgl. 8–20 Uhr, Okt.tgl. 8–17 Uhr, Nov. tgl. 8–16 Uhr, Dez.–Mitte März Sa/So/Fei 8–16 Uhr
S1 bis Heidenau-Großsedlitz, dann ca. 15 Min. Fußweg

Der Park, eine der schönsten Kreationen französischer *Gartenbaukunst* auf deutschem Boden, gilt als die großartigste Anlage aus der Zeit Augusts des Starken. Auf den gepflegten Wegen promenierten einst Damen in steifen Reifröcken und Herren mit langen Perücken, auf rauschenden Festen amüsierten sie sich bei Spiel und Tanz. Sein heutiges Aussehen bekam der Park, nachdem ihn August der Starke von Graf von Wackerbarth erworben hatte. Die Anlage wurde 1723–26 von Matthäus Daniel Pöppelmann, Zacharias Longuelune und Johann Christoph Knöffel gestaltet. 1846 begann die Restaurierung der Sandsteinfiguren, später die Wiederherstellung des verwahrlosten Gartens selbst. Der Großsedlitzer Park, bei dem seine Gestalter geschickt das bewegte Profil des Geländes nutzten, blieb jedoch unvollendet. Als 1732 die finanziellen Mittel ausgingen, wurden die Baumaßnahmen eingestellt. Als ›Festsaal‹ des Gartens gilt das **Parterre** zwischen der Unteren Orangerie und der **›Stillen Musik‹** – einem von einer doppelläufigen Treppenanlage eingerahmten Fontänebecken mit geschwungenen Balustraden und musizierenden Putten. Dieses Kunstwerk trägt die Handschrift Pöppelmanns. 52 *Skulpturen*, zum Teil von Benjamin Thomae und Johann Christian Kirchner gestaltet, versetzen den Betrachter in die antike Sagenwelt. Im gesamten Park gab es einst 360 Statuen. Die hier damals aufragende alte Friedensburg wurde 1872–74 durch ein kleineres Bauwerk, das **Friedrichschlösschen**, ersetzt.

◁ *Zum Barockgarten Großsedlitz und seinen antiken ›Bewohnern‹ gehört auch diese Sphinx*

97 Pirna

Die Stadt gilt als das westliche Tor zum Elbsandsteingebirge.

Südöstlich von Dresden
S1 bis Pirna

Pirna (45 000 Einwohner) hat sich viel von seinem historisch-kleinstädtischen Aussehen bewahrt. Wer's nicht glaubt, sollte sich *Canalettos* Bild ›Der Marktplatz von Pirna‹ anschauen, das die Gemäldegalerie Alte Meister in Dresden [Nr. 5] besitzt. Im späten Mittelalter war das 1233 erstmals genannte Pirna wichtigster *Handels-* und *Umschlagplatz* zwischen Sachsen und Böhmen. Im 18. und 19. Jh. ge-

wann es Bedeutung durch die Sandsteingewinnung.

Übrigens: Der Reisende muss sich in dieser Stadt entscheiden, ob er das linkselbische oder das rechtselbische Gebiet der *Sächsischen Schweiz* besuchen möchte, denn die nächste Brücke führt erst in Bad Schandau über den Fluss.

Der **Marktplatz** sollte als Ausgangspunkt für den Stadtbummel gewählt werden, hier steht das *Rathaus* mit der Kunstuhr (1612) an der Ostseite: Zu jeder vollen Stunde schlagen zwei Löwen mit ihren Pranken. Das *Bürgerhaus* (1520) am Marktplatz 7 gilt als das erste Renaissancegebäude Sachsens. Benannt ist es nach Canaletto, weil dieser es in den Mittelpunkt seines berühmt gewordenen Bildes rückte. Ein weiteres dominantes Bauwerk der Altstadtsilhouette, das Canaletto auf seinem Bild festgehalten hat, ist die Stadtkirche **St. Marien** (1502–46), eine der großartigsten spätgotischen Hallenkirchen Sachsens. Die Ausmalung des Deckengewölbes stammt noch aus den Jahren 1544–46. Die im Zweiten Weltkrieg zerstörte ehem. Dominikaner-Klosterkirche (14. Jh.), die heutige katholische Kirche **St. Heinrich**, wurde wieder aufgebaut. In das Kapitelsaalgebäude des Klosters zog das **Stadtmuseum Pirna** (Klosterhof 2/3, Tel. 0 35 01/52 79 85, www.pirna.de, Di–So 10–17 Uhr).

Oben: *Die spätgotische Hallenkirche St. Marien in Pirna begeistert durch Raumweite, harmonische Proportionen und die reiche Deckenmalerei*
Unten: *Wie in den Ästen eines Baumes erscheinen die Szenen vom Sündenfall Adams und Evas über dem riesigen Rundpfeiler*

Viele Häuser in Pirna sind mit kunstvollen *Sitznischenportalen* aus heimischem Sandstein geschmückt. Im Haus Schmiedestraße 19 kam 1465 **Johannes Tetzel** zur Welt, der durch seinen Ablasshandel zum Widersacher Martin Luthers wurde. Die ehem. **Festung Sonnenstein**, östlich des Marktplatzes dient seit 1811 als Pflege- und Heilanstalt für geistig Behinderte. Während der Zeit des Nationalsozialismus wurden hier 14 000 Menschen umgebracht.

98 Richard-Wagner-Museum

In einem Bauernhaus am Rande von Dresden wurde die Oper ›Lohengrin‹ skizziert.

Östlich von Dresden
Richard-Wagner-Straße 6, Graupa
Tel. 0 35 01/45 82 29
Di–So 9–12, 13–16 Uhr
Bus 83 bis Bonnewitz

»Gott sei Lob, ich bin auf dem Lande (...) Ich wohne in einem gänzlich unentweihten Dorfe, – ich bin der erste Städter, der sich hier eingemiethet hat (...)«, schrieb Deutschlands großer Musikdramatiker *Richard Wagner* an seinen Freund Karl Gaillard. Das ›unentweihte Dorf‹ heißt Graupa und liegt unmittelbar hinter der heutigen östlichen Dresdner Stadtgrenze. Im Wohnhaus des Schäferschen Gutes, in dem er »als Mensch und Künstler aufzuathmen« begann, verbrachte Richard Wagner 1846 drei Sommermonate. Wagner, damals Hofkapellmeister in Dresden, und seine erste Frau Minna hatten zwei bescheidene Zimmer im Obergeschoss des Bauernhauses gemietet. 1881 besuchte Wagner mit seiner zweiten Frau Cosima und den Kindern Siegfried und Eva nochmals das Dorf am Fuße des Borsberges. Er wollte ihnen zeigen, wo er am ›Lohengrin‹ gearbeitet hatte. 1907 richtete der Leipziger Universitätsprofessor Max Gaßmeyer in dem Gebäude eine ›Lohengrinhaus‹ genannte Gedenkstätte für Richard Wagner ein. 1982 wurde das Richard-Wagner-Museum eröffnet. In fünf teilweise mit historischem Mobiliar eingerichteten Räumen wird über Wagners Dresdner Jahre 1842–49 informiert. Zu sehen sind u. a. die früheste erhaltene Wagner-Fotografie (um 1840), Originalhandschriften sowie zeitgenössiche Orchesterinstrumente.

Beim Museum beginnt der *Lochmühlenweg*, auf dem Wagner gern wanderte. Der Pfad führt zum Liebethaler Grund mit dem bronzenen **Richard-Wagner-Denkmal** (1933). Richard Guhr hat den Komponisten als Gralshüter dargestellt.

In Graupa ist Richard Wagner ein eigenes Museum gewidmet

99 Burg Stolpen

Durch die legendäre Reichsgräfin von Cosel, die ›sächsische Pompadour‹, gelangte die Wehranlage zu Ruhm.

In der Senke zwischen dem Elbsandsteingebirge und dem Lausitzer Bergland
Schlossstraße 10, Stolpen
Tel. 03 59 73/2 34 10
www.burgstolpen.de
April–Okt. tgl. 9–17 Uhr,
Nov.–März tgl. 10–16 Uhr

Die alte Burg in Stolpen zählt zu den am besten erhaltenen Wehranlagen Sachsens. Von 1716 bis zu ihrem Tod 1765 – also 49 Jahre lang – war auf der Burg die berühmteste Mätresse von August dem Starken, *Anna Constanze Reichsgräfin von Cosel*, Staatsgefangene. Zunächst wohnte sie im Zeughaus, von dem heute nur noch die Grundmauern stehen. Später zog sie in den Johannisturm, der deshalb im Volksmund *Coselturm* heißt.

Burg Stolpen – hier verbrachte Gräfin Cosel als Verbannte 49 Jahre bis zu ihrem Tod

Die 1218 erstmals erwähnte Burg war mehr als 300 Jahre lang Eigentum der Meißner Bischöfe, 1558 ging sie in kurfürstlichen Besitz über. Napoleon ließ 1813 viele Bauten sprengen, die als Ruine erhalten blieben. Bereits 1877 war die Festung öffentlich zugänglich.

Fast alle Gebäude der Anlage entstanden Anfang des 16. Jh. Besichtigt werden können vier Burghöfe mit Marstall, Folterkammer, Gerichtssaal, Burgkellern und Johannisturm. Der in den Fels getriebene *Brunnen* (1608–30) gilt mit seinen 82 m als der tiefste Basaltbrunnen der Welt. Im **Burgmuseum** kann der Besucher Helme, Gewehrschlösser, Degen, Tür- und Truhenschlösser, ferner Folter- und Prangerwerkzeuge aus verschiedenen Jahrhunderten betrachten. Im **Johannisturm** wird in Form einer kleinen Ausstellung über die Reichsgräfin Cosel berichtet, deren Grab 1881 in den Resten der Burgkapelle entdeckt wurde.

Den denkmalgeschützten Altstadtkern von **Stolpen** mit seinen engen Gassen prägen vorwiegend Bürgerhäuser des 18. und 19. Jh. Das *Alte Amtshaus* von 1673, das am fast quadratischen Marktplatz steht, ist das älteste Gebäude (heute Sparkasse) des Ortes. Im *Neuen Kurfürstlichen Amtshaus* (1680) hatte sich 1813 Kaiser Napoleon I. einquartiert.

100 Elbsandsteingebirge
Sächsische Schweiz

Top Tipp

Mächtige Tafelberge, steile Felsen, bizarre Wände, tiefe Schluchten und Höhlen – ein fabelhaftes Naturkunstwerk.

Südöstlich von Dresden
S1 Richtung Schönau, mehrere Stationen zwischen Stadt Wehlen und Schmilka [s. Plan S. 118/119]; Sächsische Dampfschiffahrt bis Bad Schandau

»So schön wie die Schweiz, nur halt ein wenig kleiner«, meinen die Sachsen zu ihrem Elbsandsteingebirge. ›Sächsische Schweiz‹ wird der zu Deutschland gehörende 360 km² große Teil des Gebirges genannt. Die Schweizer Maler *Adrian Zingg* und *Anton Graff* sollen diesen Namen ersonnen haben, als sie im 18. Jh. durch die zauberhafte Bergwelt wanderten und diese auf ihren Skizzenblöcken festhielten. Das *Wanderwegenetz* in der Sächsischen Schweiz hat eine Gesamtlänge von 1200 km, das Gebirge ist auch das größte Klettergebiet im Osten Deutschlands. Freigegeben zum *Felsklettern* sind etwa 1100 Gipfel mit rund 14 000 verschiedenen Aufstiegen. Die DDR-Regierung stellte 1990 zwei große Teile der einmaligen Naturlandschaft unter besonderen Schutz. Sie wurden zum Nationalpark erklärt.

Geschichte In der Kreidezeit, vor rund 100 Mio. Jahren, wurden weite Teile Mitteleuropas von einem Meer bedeckt, in dem sich Sand ablagerte und sich allmählich zu einer Steinplatte verdichtete. Tektonische Bewegungen, vor allem im

Teil des Wander- und Klettergebiets der Sächsischen Schweiz sind die fantastischen Schrammsteine

Tertiär, führten zu senkrechten Rissen und Klüften. Die darauf folgende Eiszeit und die bis in die Gegenwart andauernden Verwitterungen des porösen Sandsteins gaben dem Gebirge sein heutiges Aussehen. Die ersten Steinbrüche wurden hier schon 14. Jh. betrieben. Der Tourismus setzte ein, als eine mühelose Anreise von Dresden mit Dampfschiffen (ab 1837) und mit der Eisenbahn (ab 1851) möglich wurde.

Besichtigung Zum touristischen ›Muss‹ im Elbsandsteingebirge gehört der Blick von der **Bastei** (305 m) auf die 190 m tiefer fließende Elbe und den *Kurort Rathen*. Man sieht zum wohl schönsten Tafelberg, dem **Lilienstein** (415 m), auf dessen Gipfelplateau Eisenleitern führen. Kurort Rathen ist der Ausgangspunkt für jene, die mit der S-Bahn oder dem Dampfer angereist sind und zu Fuß zur Bastei möchten. Autofahrer müssen über Lohmen im Norden fahren, Parkplätze liegen entlang der Basteistraße.

Im *Wehlgrund* beim Kurort Rathen trifft man auf die **Felsenbühne**, auf der die Helden von Karl May und von Webers ›Freischütz‹ agieren. In der Nähe befindet sich der romantische 500 m lange Amselsee, ein beliebter Ruderteich. Auch von **Stadt Wehlen**, die sich trotz ihrer nur etwa 1200 Einwohner kilometerlang an beiden Elbufern erstreckt, führt der Wanderweg zur Bastei. Zum *Wehlener Heimat-*

Das malerische Kurörtchen Rathen am Fuß der Bastei ist Ausgangspunkt für Wanderer zu den Felsen der Sehnsucht mit Mega-Aussicht

museum (Lohmener Straße) gehört ein 5400m² großer Pflanzengarten.

Zweites touristisches Zentrum auf dem rechtsseitigen Elbufer ist die *Hintere Sächsische Schweiz* von Bad Schandau bis Hinterhermsdorf und Schmilka.

Bad Schandau, den größten Ferienort des Gebirges, bezeichnete Theodor Körner einst als ›Kraft- und Prachtplatz der Natur‹. Noch vor 200 Jahren war Schandau ein beschauliches Schifferstädtchen. Das Aussehen des Ortes veränderte sich durch den im 19. Jh. beginnenden Kurbetrieb. Den Beinamen Bad führt die Stadt seit 1920. Sehenswert sind am Markt der *Brau- und Gasthof* (1704) mit achteckigem Treppenturm an der Hofseite sowie die *Johanniskirche* (1704–09) mit einem kostbaren Renaissancealtar (1574–79) von Johannes Walther II. aus heimischem Sandstein und Halbedelsteinen vom Erzgebirge. Er wurde nach dem Siebenjährigen Krieg von der Dresdner Kreuzkirche in die dortige Annenkirche gebracht und kam schließlich 1927 nach Bad Schandau. Schandau verfügt auch über eines der modernsten Naturschutzinformationszentren Deutschlands, das *Nationalparkhaus Sächsische Schweiz* (Dresdner Straße 2 B). Am Ufer der Elbe öffnete im Oktober 2004 die moderne **Toskana Therme Bad Schandau** (www.toskana-therme.de) mit Schwimmbad, Außenbecken, Whirlpool, Saunagarten etc. Zum Villenvorort **Ostrau** führt seit 1904 ein unter Denkmalschutz stehender *Personenaufzug* hinauf. In einer Eisenkonstruktion gleitet die Kabine 50 m hoch. Hinter der Kurpromenade startet die **Kirnitzschtalbahn** (1898) zum kleinen *Lichtenhainer Wasserfall*. Die 8,3 km lange Bahn wurde eigens für den Touristenverkehr gebaut. Sie führt entlang des Baches Kirnitzsch und vorbei an bis zu 60 m hohen Felswänden. Ein steiler Anstieg führt schließlich zum Kuhstall, einem 11 m hohen, 17 m breiten und 24 m tiefen Felsentor.

In Richtung *Schmilka* liegt das etwa 12 km² große Wander- und Klettergebiet der **Schrammsteine** mit seinen stark verwitterten Felsen. Hier erhebt sich auch der *Falkenstein* (378 m), der mit rund 70 Aufstiegen der beliebteste Kletterfelsen in diesem Gebiet ist.

Am Nordrand des Gebirges sitzt malerisch auf einem Berg die **Burg Hohnstein**

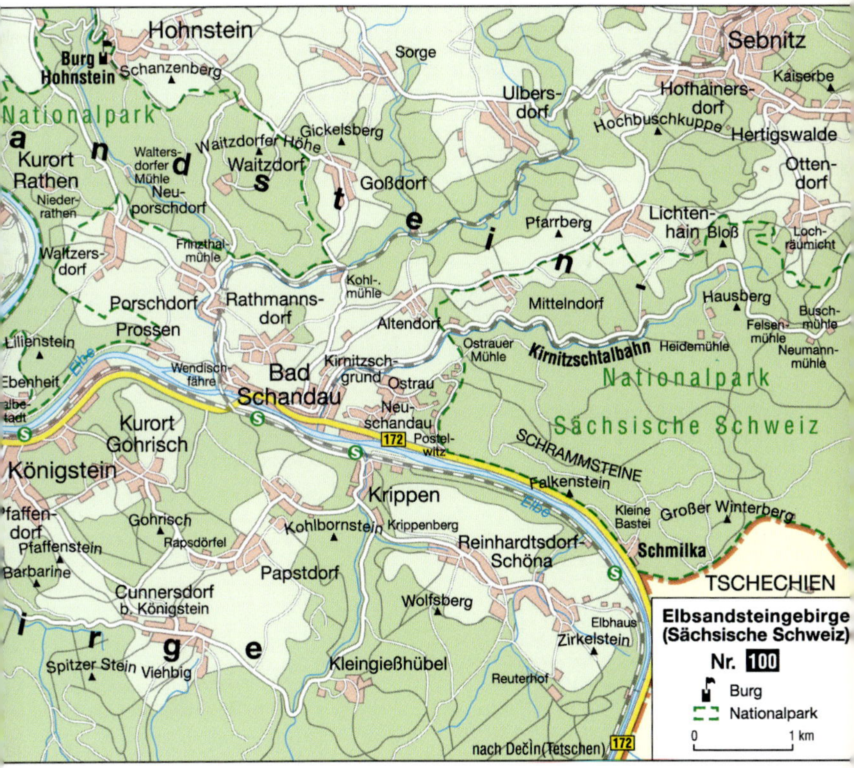

(12. Jh.). Bis ins 19. Jh. diente sie als Sitz des Justizamtes, 1866–1924 war sie Haftanstalt, 1924–33 Deutschlands größte Jugendherberge und während der Nazi-Zeit Konzentrationslager. Seit 1948 ist in der Burg wieder eine *Jugendherberge* eingezogen.

In **Krippen** am linken Elbufer, gegenüber von Bad Schandau, starb 1895 *Friedrich Gottlob Keller*. Seine Erfindung, die Holzfaser für die Papierherstellung zu verwenden, war Epoche machend. In dem Keller gewidmeten *Museum* ist auch eine rekonstruierte Holzschliffmaschine aus dem 19. Jh. zu sehen.

Touristisches Zentrum am linken Elbufer ist die Stadt **Königstein** mit der **Festung Königstein** (Tel. 03 50 21/6 46 07, www.festungkoenigstein.de, April–Sept. tgl. 9–20 Uhr, Okt. tgl. 9–18 Uhr, Nov–März

Grandios sind die Ausblicke von der Basteibrücke aus, die die Mardertelle überspannt

Zu Fuß auf die Bastei

Die Bastei gilt als einer der schönsten Aussichtspunkte Deutschlands. Der kürzeste Aufstieg aus dem Tal zu dem schmalen, zur Elbe hin vorspringenden Felsrücken beginnt mitten im **Kurort Rathen** bei der Gaststätte ›Amselgrundschlösschen‹. Auf dem ausgeschilderten **Basteiweg** sind – fast immer ansteigend – 190 m Höhenunterschied zu überwinden. Der Weg schlängelt sich durch die Felsengasse, vorbei am aufragenden Mönchstein und am Tiedgefels. Von dort hat man eine schöne Aussicht zur **Felsenburg Neurathen**, einem mittelalterlichen Rittersitz, der im 15. Jh. geschleift wurde. Auf einen Rundgang durch das 170 m lange und 100 m breite Burggelände mit den in Sandstein gemeißelten Felsgemächern sollte nicht verzichtet werden. Immer wieder bieten sich Blicke in das Elbtal und auf steile Kletterfelsen, die fantasievolle Namen wie Lokomotive, Mönch und Kleine Gans tragen. Durch das Neurathener Felsentor führt der Weg weiter über die 76 m lange und 3 m breite steinerne **Basteibrücke**, die seit 1851 die 40m tiefe Mardertelle überspannt. Nach etwa 30 Minuten – ohne Besichtigung der Felsenburg gerechnet – ist dann der berühmte, mit einem Eisengeländer versehene **Aussichtspunkt** Bastei erreicht. 1826 öffnete das erste aus Stein gebaute Gasthaus auf der Bastei, 1975–79 entstand ein modernes Gebäude. Seit 1990 empfängt das **Berghotel Bastei** seine Gäste in luftiger Höhe.

Blick von der Festung auf Königstein und den markanten Tafelberg Lilienstein am Elbknie

tgl. 9–17 Uhr), die 240 m über der Elbe auf einem Tafelberg thront. Die mächtige Burg, einst die stärkste ihrer Art in Deutschland, wurde nie erobert oder zerstört. In unruhigen Zeiten zogen sich die sächsischen Kurfürsten mit ihren Schätzen auf den Königstein zurück, der auch lange Zeit das gefürchtete *Staatsgefängnis* von Sachsen war. Der ›Goldmacher‹ Johann Friedrich Böttger, der Sozialist August Bebel und der Dramatiker Frank Wedekind waren einige der prominenten Häftlinge. Heute gehört die 9,5 ha große Anlage mit einer Ummauerung von 1800 m Länge zu den größten wehrgeschichtlichen **Freilichtmuseen** Europas. Die *Alte Kaserne* (1589) dürfte der älteste Kasernenbau Deutschlands sein. Der von Freiberger Bergleuten geteufte *Brunnen* (1563–69) hat eine Tiefe von 152,50 m, sein Durchmesser beträgt 3,50 m. Das *Alte* und *Neue Zeughaus* (1594 bzw. 1631) werden vom Militärhistorischen Museum Dresden [Nr. 71] für Ausstellungen genutzt.

Die **Marienkirche** (1720–24) in der Stadt ist ein barockes Werk von George Bähr, nach einem Brand wurde sie 1810–23 klassizistisch erneuert. Bei der Sparkasse in der Bielatalstraße steht eine **Postdistanzsäule** von 1727. August der Starke ließ ab 1721 die Landstraßen in Sachsen vermessen und Postsäulen mit Richtungs- und Entfernungsangaben setzen. Die Angaben auf den Säulen verloren ihre Gültigkeit, als 1840 die kursächsische Meile (9062 m) durch die neue Meile (7500 m) abgelöst wurde. Diese wiederum wurde 1873 durch die Metermessung ersetzt.

Etwa 2 km südlich von Königstein erhebt sich der **Pfaffenstein** (428 m), von dem sich der herrlichste Pamoramablick auf das Elbsandsteingebirge bietet. Der Aufstieg zum Felsplateau beginnt im Ort Pfaffendorf durch das sog. *Nadelöhr*.

Eine schlanke, etwa 43 m hohe Felsnadel ist die **Barbarine** südlich vom Pfaffenstein. Das geologische Naturdenkmal musste bereits von Bergsteigern mit Klammern und Zement vor weiterer Erosion gesichert werden. Beeindruckende Naturerlebnisse bietet auch das *Bielatal* südwestlich vom Pfaffenstein. Der Berg *Gohrisch* (448 m), östlich davon, ist wild zerklüftet und wartet mit mehreren Aussichtspunkten auf.

STADTRUNDFAHRT
HUMMEL-BUS
STADTRUNDFAHRT

20 Jahre
Linie 6
Linie 6 Dresden

Dresden aktuell A bis Z

Vor Reiseantritt

ADAC Info-Service:
Tel. 0 18 05/10 11 12, Fax 0 18 05/30 29 28 (0,12 €/Min.)

ADAC im Internet:
www.adac.de
www.adac.de/reisefuehrer

Dresden im Internet:
www.dresden-tourist.de
www.dresden.de
www.dresden-online.de
www.dresden-news.com

Informationsmaterial erhält man bei:

Dresden-Werbung und Tourismus GmbH, Ostra-Allee 11, 01067 Dresden, Tel. 03 51/49 19 20, Fax 03 51/49 19 21 16, Touristische Infos: Tel. 03 51/49 19 21 00, Kartenservice: Tel. 03 51/49 19 22 33, Zimmerreservierung: Tel. 03 51/49 19 22 22

Tourismusverband Sächsische Schweiz e.V., Am Bahnhof 6, 01814 Bad Schandau, Tel. 03 50 22/49 50, Fax 03 50 22/ 4 95 33, www.saechsische-schweiz.de

Tourismusverband Sächsisches Elbland e.V., Niederauer Str. 26–28, 01662 Meißen, Tel. 0 35 21/7 63 50, Fax 0 35 21/76 35 40, www.elbland.de

Fremdenverkehrsverband Sächsischer Forst – Tharandter Wald e.V., Talmühlenstr. 11, 01737 Kurort Hartha, Tel. 03 52 03/27 33, Fax 03 52 03/3 07 02, www.tharandter-wald.com

Dresden Days Pauschal
Das begehrte Pauschalprogramm der Dresden-Werbung und Tourismus GmbH wendet sich vor allem an Individualtouristen. Das Basis-Angebot umfasst zwei Übernachtungen mit Frühstück, die Dresden-City-Card (s. u.) sowie freien Eintritt in die Museen der Staatlichen Kunstsammlungen und weitere Ermäßigungen. Gewählt werden kann unter fast 40 Hotels unterschiedlicher Kategorien.

Allgemeine Informationen

Tourist-Informationen

Auskunftsstellen der Dresden-Werbung und Tourismus GmbH mit Zimmervermittlung befinden sich an folgenden zentralen Punkten der Stadt:

Schinkelwache, Theaterplatz, Mai–Okt. Mo–Fr 10–18 Uhr, Sa/So 10–16 Uhr

Pavillon, Prager Straße, Mo–Fr 10–18 Uhr, Sa 10–16 Uhr

Dresden-City-Card

Sie bietet 48 Stunden freie Fahrt mit allen Straßenbahn- und Buslinien sowie den Elbfähren im Stadtbereich, freien Eintritt in die Museen der Staatlichen Kunstsammlungen Dresden sowie zahlreiche Ermäßigungen bei Dampferfahrten, Ausstellungen und weiteren Sehenswürdigkeiten.

◁ Oben: *Erlebnisreich ist eine Stadtrundfahrt mit dem Hummelbus, originell der Besuch der Lokalität ›Linie 6‹ – Hereinspaziert!*
Mitte: *›Kurfürstlicher Glanz‹ – abendliche Sightseeing-Tour mit Darbietungen edel Gewandeter am Wallpavillon*
Unten: *Farbenfroh und hochgestellt – Fantasie grenzenlos beim Elbhangfest (links). Altbewährt und heißgeliebt sind die erzgebirgischen Schnitzereien (rechts)*

Dresden-Regio-Card

Sie gilt für 72 Stunden, bietet alle Vorteile der Dresden-City-Card und zusätzlich freie Fahrt mit der S-Bahn bis nach Meißen und in die Sächsische Schweiz.

Notrufnummern

Polizei: Tel. 110

Feuerwehr, Unfallnotruf: Tel. 112

Ärztlicher Notfalldienst: Tel. 1 92 92

Krankentransport: Tel. 1 92 22

Ärzte- und Apothekenbereitschaft: Tel. 03 51/8 04 22 51

ADAC-Pannenhilfe: Tel. 0 18 02/22 22 22

ADAC-Pannenhilfe Mobilfunk: Tel. 22 22 22

ADAC Stau-Info: Mobil 2 24 99 (0,51 €/Anruf plus Verbindungskosten)

Autobahn-Notrufsäule:
ADAC-Hilfe verlangen

ADAC-Rettungshubschrauber:
Tel. 110 oder 112

ADAC-Geschäftsstelle: Striesener Str. 37, Tel. 03 51/4 43 30

Österreichischer Automobil Motorrad und Touring Club
ÖAMTC Schutzbrief-Nothilfe:
Tel. 00 43/(0)1/2 51 20 00

Touring Club Schweiz
TCS Zentrale Hilfsstelle:
Tel. 00 41/(0)2 24 17 22 00

Apotheken

Im Zentrum befinden sich u. a.:

Saxonia-Apotheke (Internationale Apotheke), Prager Str. 8 a, Tel. 03 51/4 90 49 49

Löwen-Apotheke, Wilsdruffer Str. 5, Tel. 03 51/4 97 17 0

Behinderte

Zugänglich sind u.a. der Zwinger, der Stallhof, die Kathedrale und die Kreuzkirche. Behindertengerechte Zimmer sind in zahlreichen Hotels vorhanden. Auskünfte erteilt die Tourist-Information.

Fundbüro

Fundbüro der Stadt Dresden, Hamburger Str. 19 a , Tel. 03 51/4 88 42 80, Mo, Fr 9–12 und Di, Do 9–18 Uhr

Anreise

Auto

Umfangreiches *Informations-* und *Kartenmaterial* können die Mitglieder des ADAC kostenlos bei den ADAC-Geschäftsstellen oder unter Tel. 0 18 05/10 11 12 (0,12 €/Min.) anfordern. Außerdem sind im ADAC Verlag der Stadtplan und der CityPlan *Dresden*, der Stadtatlas *Dresden, Görlitz* sowie der FreizeitAtlas *Sachsen* (1:100 000) erschienen.

Auf zwei Autobahnen ist Dresden zu erreichen: Auf der **A 4** aus westlicher (Köln, Erfurt, Chemnitz) und aus östlicher Richtung (Görlitz, Bautzen) sowie auf der **A 13** von Norden (Stettin, Rostock, Berlin). Es gibt die Anschlussstellen Altstadt, Neustadt, Wilder Mann und Nord. Die aus Prag kommende **A 17** soll 2007 fertig gestellt sein.

Parkplätze

Die Parkplätze in der Dresdner Innenstadt sind fast alle gebührenpflichtig. Tiefgaragen gibt es u. a. in der Straße An der Frauenkirche (Zufahrt Tzschirnerplatz/Rampische Straße), im World Trade Center (Zufahrt Freiberger Straße) und im CC City-Center (Zufahrt Winckelmannstraße).

Bahn

Züge aus allen Himmelsrichtungen fahren Dresden Hauptbahnhof an, die meisten halten auch auf dem Bahnhof Dresden Neustadt. Beide Fernbahnhöfe liegen günstig, die Alt- bzw. Neustadt sind bequem zu Fuß erreichbar.

Aus der Schweiz und dem süddeutschen Raum ist die Anreise mit der **CityNightLine** (Tel. 0 18 05/21 34 21, www.citynightline.ch) bequem. Der moderne Nachtreisezug fährt von Zürich über Basel, Freiburg, Karlsruhe, Mannheim und Frankfurt/Main direkt nach Dresden.

Fahrplanauskunft

Deutschland
Deutsche Bahn, Tel. 1 18 61 (gebührenpflichtig), Tel. 08 00/1 50 70 90 (sprachgesteuert), www.bahn.de

Österreich
Österreichische Bundesbahn, Tel. 05 17 17, www.oebb.at

Schweiz
Schweizerische Bundesbahnen, Tel. 09 00 30 03 00, www.sbb.ch

Flugzeug

Von und nach über 20 deutschen und europäischen Städten besteht Flugverbindung, im Linienflugverkehr ist Dresden von allen wichtigen europäischen Metropolen und innerdeutschen Flughäfen aus erreichbar.

Der **Dresdner Flughafen Klotzsche** liegt etwa 9 km nördlich vom Stadtzentrum entfernt. Das moderne Terminal ist über eine gläserne Fußgängerbrücke mit dem Parkhaus verbunden. Eine vierspurige Straße führt vom Flughafen zur Autobahn. Vom unterirdischer **S-Bahnhof** sind die Bahnhöfe Dresden Hauptbahnhof und Dresden Neustadt in etwa 20 Min. zu erreichen.

Flugauskunft: Tel. 03 51/8 81 33 60, www.Flughafen-Dresden.de

Bank, Post, Telefon

Bank

Öffnungszeiten: in der Regel Mo–Fr 9–13 und 14.30–16 Uhr, Do bis 18 Uhr

Post

Öffnungszeiten: in der Regel Mo–Fr 8–18 Uhr, Sa 8–12 Uhr

Im Stadtzentrum stehen folgende Postfilialen zur Verfügung:

Annenstr. 10, Mo–Fr 9–12.30 und 13.30–18 Uhr, Sa 9.30–12 Uhr

Königsbrücker Str. 21–29, Mo–Fr 8–19, Sa 9–13 Uhr

Altmarkt-Galerie, Mo–Fr 9.30–20 Uhr, Sa 9–16 Uhr

Telefon

Vorwahl Dresden: 03 51

Die Altmarkt-Galerie – quirliges Shopping Center mit attraktivem Ambiente

Einkaufen

Typisches der Region sind **Wein** von den Elbhängen, **Dresdner Stollen**, **Drechselarbeiten** aus dem nahen Erzgebirge und **Porzellan** aus Meißen und Dresden. Beliebt als Souvenirs sind Bildbände, die Kunstwerke der Staatlichen Kunstsammlungen zeigen sowie Reproduktionen von den weltberühmten Werken in der *Gemäldegalerie Alte Meister*.

Zum Einkaufen empfehlen sich in der Altstadt die **Wilsdruffer Straße**, der nördliche Teil der **Prager Straße** sowie der **Altmarkt** mit der supermodernen *Altmarkt-Galerie*, durch die im Durchschnitt täglich 30 000 Kunden flanieren. In der Neustadt sind es die Hauptstraße und die **Königstraße**, in der exklusive Geschäfte ansässig sind.

In der **Hauptstraße** haben die Häuser Nr. 9–19 ihre barocke Fassade aufgefrischt, der 30 Jahre lang zugemauerte Innenhof wurde freigelegt und es entstand im Sommer 2002 die **Kunsthandwerker-Passage**, in der 17 Handwerker verschiedener Gattungen ihre Produktions- und Verkaufsräume haben. In der ebenfalls

Die Kunsthofpassage in der Neustadt lockt mit kleinen, liebevoll gestalteten Läden

neuen **Kunsthofpassage** an der Görlitzer Straße laden in fantasievoll gestalteten Höfen allerlei Geschäfte von Mode bis Feinkost zum Shoppen ein.

TOP TIPP Wiederhergestellt wurde auch die 1945 zerstörte **Neustädter Markthalle** aus der Gründerzeit (Metzerstr./Hauptstr.). Auf drei Etagen bieten in dieser Einkaufspassage Händler vorwiegend sächsische Produkte an.

Szeneläden für Schrilles und Schräges, für Mode, Schmuck und Musik findet man in der **Äußeren Neustadt**, im Bereich Louisen-, Alaun-, Böhmische- und Rothenburger Straße.

Antiquariat

Dresdner Antiquariat, Wilsdruffer Str. 14, Tel. 03 51/4 90 45 83. Eines der größten in Deutschland – mehr als 40 000 Bücher stehen zum Stöbern bereit.

Bücher

Haus des Buches, Dr. Külzring 12, Tel. 03 51/4 95 21 35. Ostdeutschlands größte Buchhandlung bietet auf 3200 m Regal- und Verkaufsfläche über 100 000 Buchtitel. Besonders umfangreich ist das Angebot an Büchern über Dresden und Sachsen. Im Literaturcafé **Novelle** im 3. Stock werden regelmäßig Lesungen veranstaltet.

Feinkost

Karstadt, Prager Straße, Tel. 03 51/ 8 61 24 80, www.karstadt-dresden.de. Gourmet-Abteilung mit rund 12 000 verschiedenen Produkten, darunter 45 Sorten Frischfisch, 350 Sorten Wurst, Schinken und Pasteten und 900 Sorten Wein werden angeboten. Im Gourmet-Treff mit 50 Sitzplätzen können Gäste zuschauen, wie Fisch, Fleisch und Geflügel für sie je nach Wunsch zubereitet werden.

Käse

Pfunds Molkerei, Bautzner Str. 79, Tel. 03 51/8 16 20. Die ganze Woche, auch am Wochenende, wird im ›schönsten Milchladen der Welt‹ Käse verkauft. Gewählt werden kann unter etwa 120 Sorten. Die Kundschaft kommt aus aller Herren Länder.

Konditorei

Kreutzkamm, Seestr. 6, Tel. 03 51/4 95 41 72. Wer zur Weihnachtszeit nach Dresden

Wintergenüsse vom Bäcker – das beste Rezept gegen Kälte ist ein Dresdner Stollen

kommt, erwirbt einen Stollen in der berühmten Konditorei. In der übrigen Jahreszeit sind Baumkuchen ein beliebtes Mitbringsel.

Kunsthandwerk

TOP TIPP **Kunsthandwerk an der Kreuzkirche**, An der Kreuzkirche 6, Tel. 03 51/4 96 48 40. Eine Erlebniswelt mit Produkten aus sächsischen Kunsthandwerksbetrieben.

Porzellan

TOP TIPP **Meissener Porzellan**, im Dresden Hilton, An der Frauenkirche 5, Tel. 03 51/8 64 29 63. Schöne Stücke aus der weltberühmten Manufaktur.

Essen und Trinken

Gegessen und getrunken wird in Dresden gern, beliebt ist zum Beispiel der Dresdner **Sauerbraten**, ein mehrere Tage in einer Marinade eingelegtes Rindfleischstück. Dazu gibt es viel **Soße**, die die Dresdner seit jeher mögen. 74 Soßen nennt das Buch ›Die Dresdener Köchin oder die feine und allgemeine bürgerliche Koch-, Brat- und Backkunst der neusten Zeit‹ von J. F. Baumann aus dem Jahre 1854. Gemüse gehört unbedingt zu warmen Hauptgerichten. Ein weiteres typisches sächsisches Gericht sind **Saure**

Eier mit Specksoße. Variantenreich, nämlich mit vielen Zutaten, die von Fisch über Äpfel bis zu Gemüsen reichen, wird der **Kartoffelsalat** zubereitet. Zwischen den Hauptmahlzeiten wird zur **Bemme** oder zum *Bemmchen* gegriffen. Das sind zwei dünne, mit Butter oder Margarine bestrichene Brotscheiben, die mit Wurst oder Käse belegt und zusammengeklappt werden. Gern gegessen werden auch **Quarkkeulchen**: Ein Teig aus gekochten Kartoffeln, Mehl, Eier, Rosinen und Quark wird zu Fladen geformt und in Fett ausgebacken. Die Keulchen werden mit Zimt und Zucker bestreut und heiß gereicht. Die Sachsen sind als **Kaffeetrinker** bekannt und natürlich wird Kaffee auch in Dresden oft und gern getrunken. Zum Kaffee schmeckt fabelhaft die Dresdener **Eierschecke**, ein Kuchen aus Knetteig mit Quarkmasse, die mit einer dickschaumigen u. a. aus saurer Sahne, Eiern und Vanillezucker bestehenden Mischung bestrichen wird. Zur Weihnachtszeit und oft bis Ostern werden alle Kuchensorten verbannt, dann gibt es nur **Dresdner Christstollen**, der weit über die Landesgrenzen hinaus bekannt wurde. Die Form des Stollens soll an das in Windeln gewickelte Christkind erinnern. Bei den Getränken rangiert **Bier** auf Platz eins, gern getrunken wird das herbwürzige **Radeberger**. Die Radeberger Brauerei, unweit von Dresden gelegen, war schon königlich-sächsischer Hoflieferant. Im Elbtal um Dresden liegt das kleinste und nördlichste **Weinanbaugebiet** Deutschlands. Müller-Thurgau, Traminer, Weißburgunder usw. gelten als trockene durchgegorene Weine ohne Restzucker. Und wer den Abschied von Dresden zünftig feiern möchte, der sollte zum lokalen **Sekt** aus Radebeul greifen, dem ›Schloss Wackerbarth‹.

Wer nach einem guten Essen den Abend ungezwungen und locker ausklingen lassen möchte, geht in der **Altstadt** in die *Münzgasse*, wo sich zwischen Brühlscher Terrasse und Frauenkirche eine Kneipenmeile herausgebildet hat oder in die *Weiße Gasse* zwischen Wilsdruffer Straße und Kreuzkirche, wo es besonders an lauen Sommerabenden lebhaft zugeht. In der **Neustadt** hat sich zwischen *Alaunpark* und *Albertplatz* ein jugendlich-schrilles Szeneviertel entwickelt. Hier in der Äußeren Neustadt gibt es Kneipen, Cafés, Bars und Biergärten in großer Dichte, darunter einige, die rund um die Uhr geöffnet haben.

Sächsische Küche

Ball- und Brauhaus Watzke, Kötzschenbrodaer Str. 1, Tel. 03 51/85 29 20, www.watzke.de. Nicht nur das Essen, auch das unfiltrierte und naturbelassene selbstgebraute Bier zieht die Gäste an.

TOP TIPP **Sophienkeller**, im Kempinski Hotel Taschenbergpalais, Am Taschenberg, Tel. 03 51/49 72 60, www.sophienkeller-dresden.de. Erlebnisgastronomie in einem Kellergewölbe. August der Starke, seine Cosel, Gaukler, Wahrsager und Bardensänger plaudern mit den Gästen.

Alte Meister – eine Oase für Feinschmecker und für Besucher der Gemäldegalerie

Internationale Küche

TOP TIPP **Alte Meister**, Theaterplatz 1 a, Tel. 03 51/4 81 04 26, www.altemeister.net. Am Tag Museumscafé der Galerie Alte Meister, am Abend Gourmet-Restaurant mit junger, frischer mediterran angehauchter Küche.

TOP TIPP **Das Caroussel**, im Hotel Bülow Residenz, Rähnitzgasse 19, Tel. 03 51/ 8 00 30, www.buelowresidenz.de. Vorzügliche, viel gelobte Küche und elegantes Interieur.

Drachen, Bautzner Str. 72, Tel. 03 51/ 8 04 11 88, www.drachendresden.de. Feine Küche am rechten Elbufer, im Sommer Terrasse und Biergarten.

TOP TIPP **Gourmetrestaurant Pattis**, im Hotel Pattis, Merbitzer Str. 53, Tel. 03 51/4 25 50, www.pattis.net. Rezepte der französischen Küche, die August der Starke mochte, wurden wieder belebt.

Intermezzo, im Kempinski Hotel Taschenbergpalais, Am Taschenberg, Tel. 03 51/4 91 27 12, www.kempinski dresden.de. Leichte internationale Küche. Das Restaurant liegt am Innenhof, der im Sommer zur windgeschützten Terrasse wird.

TOP TIPP **Italienisches Dörfchen**, Theaterplatz 3, Tel. 03 51/49 81 60, www.italienisches-doerfchen.de. Zu den gastronomische Einrichtungen des Hauses zählen der Biersaal im Erdgeschoss und das Ristorante Bellotto im 1. Stock.

Kuppelrestaurant in der Yenidze, Weißeritzstr. 3, Tel. 03 51/4 90 59 90. Bei einem unvergleichlichen Rundblick kann man hier internationale Spezialitäten genießen.

Pulverturm, An der Frauenkirche 12 a, Tel. 03 51/26 26 00, www.pulverturm dresden.de. Historisches Flair vermittelt das Lokal im Kellergewölbe des Coselpalais. Bedient werden die Gäste von Mägden und Grenadieren.

Vincent, Sebnitzer Str. 11, Tel. 03 51/ 5 63 57 25, www.restaurant-vincent.de. Mediterrane Küche in angenehmer Atmosphäre.

Spezialitätenrestaurants

Fischhaus Alberthafen, Magdeburger Str. 58, Tel. 03 51/4 98 21 10, www.fischhausalberthafen.de. Fisch gegrillt, gekocht oder gebraten.

Ristorante Rossini, im Hotel Dresden Hilton, An der Frauenkirche 5, Tel. 03 51/8 64 28 55, www.dresden.hilton.com. Viel gelobte klassisch-italienische Küche in der 1. Etage des Nobelhotels.

Villa Marie, Fährgässchen 1, Tel. 03 51/3 11 11 86, www.villa-marie.com. Schmackhafte italienisch orientierte Küche in einer Gründerzeitvilla beim ›Blauen Wunder‹.

Szene-Kneipen

Bierhaus Dampfschiff, Terrassen-/ Münzgasse, Tel. 03 51/8 64 28 26, www.dresden.hilton.com. Uriggemüt-

Das Café Toscana am Schillerplatz bietet eine Fülle süßer Versuchungen

Zauberhaft – das dreitägige Dresdner Stadtfest bietet alljährlich im August ein abwechslungsreiches Unterhaltungsprogramm, zu dessen Höhepunkten auch ein Feuerwerk zählt

lich, deftige sächsische Küche bei Dixiemusik – auch live. Bowlingbahn.

Planwirtschaft, Louisenstr. 20, Tel. 03 51/ 8 01 31 87, www.planwirtschaft.de. Kneipe mit Kultstatus! An den Wänden hängen Honecker & Co und andere Hinterlassenschaften der DDR-Zeit.

Scheunencafé, Alaunstr. 36–40, Tel. 03 51/8013071, www.scheunencafe.de. Das Lokal in der Neustadt genießt seit Jahren Kultstatus

The Red Rooster, Rähnitzgasse 10, Tel. 03 51/8 29 66 45, www.redroster-pub.de. Pub & Café, am späten Abend stets gut besucht. Über 100 Whiskysorten stehen zur Wahl.

Cafés

Café Toscana, Schillerplatz 7, Tel. 03 51/3 10 07 44. Heutzutage ist das Café wegen seiner leckeren Torten auch bei jungen Leuten sehr beliebt.

Kreutzkamm, Seestr. 6, Tel. 03 51/4 95 41 72, www.kreutzkamm.de. Traditionsreiches, 1825 gegründetes Café, das nach dem Krieg nach München verlegt wurde und nach der Einheit in die Nähe des alten Stammhauses zurückkehrte.

Vis-á-vis, Brühlsche Terrasse, Tel. 03 51/8 64 28 35. In der historischen Sekundogenitur. Im Sommer – wenn Tische und Stühle auf die Brühlsche Terrasse gestellt werden – gibt es zum Kuchen aus der eigenen Patisserie kostenlos einen herrlichen Blick über die Elbe auf die Neustadt.

Feste und Feiern

Feiertage

1. Januar (Neujahr), Karfreitag, Ostermontag, 1. Mai (Tag der Arbeit), Himmelfahrt, Pfingstmontag, 3. Oktober (Tag der Deutschen Einheit), 31. Oktober (Reformationstag), Buß- und Bettag, 25./26. Dezember (1. und 2. Weihnachtsfeiertag).

Feste

März

Internationaler Citylauf: Größter Citylauf in den neuen Bundesländern über 10 km durch die historische Innenstadt.

Mai

Dampflokfest: Auf dem Gelände des ehem. Bahnbetriebswerkes an der Zwickauer Straße sind historische Fahrzeuge zu sehen.

Flottenparade: Die historischen Raddampfer eröffnen am 1. Mai die Sommersaison.

Juni

Elbhangfest: (Letztes Juni-Wochenende) Großes Fest unter freiem Himmel mit Musik, Tanz, Theater, Kunsthandwerk und vielem mehr auf einer Festmeile von sieben Kilometern zwischen Pillnitz und Loschwitz.

August

Dresdner Stadtfest: Vielseitiges Programm an drei Tagen in der zweiten Monatshälfte mit Handwerksmarkt, Musik, Sport und Kulinarischem. Zu den Höhepunkten gehört das Dampfschiff-Fest mit der Sternfahrt aller Schiffe.

Oktober

Dresden-Marathon: Eine der größten Laufsport-Veranstaltungen des Freistaates mit Tausenden von Teilnehmern.

Der Dresdner Striezelmarkt gilt als der älteste Weihnachtsmarkt Deutschlands

Dezember

TOP TIPP **Striezelmarkt:** Er stimmt auf das Weihnachtsfest ein. Seit 1434 ist der Name Striezelmarkt geläufig. Striezel waren die Vorform des heutigen Christstollens. Den Mittelpunkt des Marktes bildet die über 14 m hohe Holzpyramide. Deutschlands ältester Weihnachtsmarkt findet auf dem Altmarkt statt, vom 1. Adventswochenende bis zum Heiligabend.

Kultur live

Dresden ist eine bedeutende Kunst- und Kulturstadt und bietet auch am Abend ein vielseitiges Kulturprogramm. Zu den reichen Traditionen gehört das Theater- und Musikschaffen, die Staatskapelle beispielsweise wurde bereits 1548 gegründet. Sie besitzt mit der Sächsischen Staatsoper (Semperoper), der Dresdner Philharmonie und dem Kreuzchor internationalen Ruf. Karten sollten vorbestellt werden (s. u.)! Darüber hinaus gibt es Auftritte des Kreuzchores, die Musikfestspiele sowie seit 1970 das Internationale Dixielandfestival, das sich großer Beliebtheit erfreut. Topaktuelle Veranstaltungsprogramme: www.dresden.de

Jazz

Jazzclub Neue Tonne, unter dem Restaurant La Maréchel de Saxe, Königstr. 15, Tel. 03 51/8 02 60 17, www.jazzclubtonne.de. Eine Institution in Dresden, Jazzer aus aller Welt spielen auf.

Kabarett

Die Herkuleskeule, Sternplatz 1, Tel. 03 51/4 92 55 55, www.herkuleskeule.de. Politisch-satirisches Kabarett, das schon zu DDR-Zeiten in gutem Ruf stand.

Dresdner Kabarett Breschke & Schuch, Wettiner Platz 10 (Eingang Jahnstraße), Tel. 03 51/4 90 40 09, www.kabarett-breschke-schuch.de. Zwei Erzkomödianten bieten im ehem. Maschinensaal der Sächsischen Landesdruckerei szenisches Kabarett.

Kino

Ufa-Filmpalast, Prager Straße, Tel. 03 51/4 82 58 25, www.ufakino.de. Auf acht Säle verteilen sich die 2600 Plätze im neuen Kino ›Kristall‹. Zusammen mit den 1900 Plätzen im benachbarten Rundkino ist der Ufa-Koloss nach dem Essener Cinemaxx das zweitgrößte Multiplexkino Deutschlands.

Oper, Operette und Konzert

Dresdner Philharmonie, im Kulturpalast, Schlossstr. 2, Tel. 03 51/4 86 63 06, www.dresdnerphilharmonie.de. Das 1870 gegründete Orchester gehört zu den namhaftesten Europas.

Sächsische Staatsoper und Sächsische Staatskapelle, Semperoper, Theaterplatz 2, Vorverkaufskasse: Schinkelwache, Tel. 03 51/4 91 17 05, www.semperoper.de. Ein Muss für jeden Oper- und Konzertfan – auch wegen der Ausstattung des Hauses.

Kleine Szene, Bautzner Str. 107, Vorverkaufskasse: Schinkelwache, Tel. 03 51/4 91 17 05. Spielstätte der Sächsischen Staatsoper für kleine Stücke.

Staatsoperette, Pirnaer Landstr. 131, Tel. 03 51/2 07 99 29, www.staatsoperette dresden.de. Operette und Musical auf hohem Niveau, die ›Fledermaus‹ steht immer auf dem Programm.

Theater

Komödie, im World Trade Center, Freiberger Str. 39, Tel. 03 51/86 64 10, www.komoedie-dresden.de. Wenn der Tag humorvoll ausklingen soll.

Puppentheater, im Ufa-Filmpalast, Prager Str., Tel. 03 51/4965370, www.t-j-g.de. Nicht nur für Kinder erlebnisreich, oft werden auch Stücke für Erwachsene gespielt.

TOP TIPP **Staatsschauspiel Dresden**, Ostra-Allee 3, Tel. 03 51/4 91 35 65, www.staatsschauspiel-dresden.de. Traditionsreiches Haus, dessen Spielplan von Agatha Christie über Bertolt Brecht bis zu Shakespeare und Sophokles reicht.

Societaetstheater, An der Dreikönigskirche 1 a, Tel. 03 51/8 03 68 10, www.sozietaetstheater.de. Seit 1999 spielt das Theater wieder, in dem sich vor über 200 Jahre zum ersten Mal der Vorhang hob.

Theater der Jungen Generation, Meißner Landstr. 4, Tel. 03 51/4 29 12 20, www.t-j-g.de. Dramatik aus Vergangenheit und Gegenwart, zugeschnitten auf junges Publikum.

TOP TIPP **Theaterkahn Dresdner Brettl**, Terrassenufer an der Augustusbrücke, Tel. 03 51/4 96 94 50, www.theaterkahn-dresden.de. Kabarett, Musik und Literatur.

Veranstaltungskalender

Februar/März

Dresdner Festtage Musiktheater des 20. Jahrhunderts: Renommierte Dirigenten aus aller Welt, herausragende Protagonisten und interessante Inszenierungen in der Semperoper.

Mai

TOP TIPP **Internationales Dixielandfestival:** Die größte Veranstaltung dieser Art in Europa. Dresden gilt als die europäische Hauptstadt des Dixieland. Bands aus zahlreichen Ländern veranstalten jährlich ein regelrechtes Volksfest (www.dixieland.de).

April

Dresdner Bluesfestival: Stimmungsvolle Darbietungen mit Musikern aus zahlreichen Ländern (www.dresdnerblues festival. de).

Mai/Juni

TOP TIPP **Dresdner Musikfestspiele:** Nationale und internationale Orchester sowie Solisten gastieren vor historischen Gebäuden, in Konzertsälen und Parkanlagen. Die Festwoche ist meist einem Komponisten oder Thema gewidmet (www.musikfestspiele.com).

Ende Juni–Anfang September

MDR-Musiksommer: Dresden gehört zu den attraktiven Spielorten des sommerlichen Konzertfestivals.

Juli

Museums-Sommernacht: Bis weit nach Mitternacht sind die meisten Museen geöffnet, die zahlreiche Veranstaltungen

Die Dresdner Musikfestspiele finden vor herrlichen Kulissen wie dem Wallpavillon statt

und Performances bieten. In der Innenstadt herrscht regelrechte Volksfeststimmung.

Juli/August

TOP TIPP **Filmnächte am Elbufer:** Historische Filme, Filmklassiker und Konzerte internationaler Stars am Königsufer unterhalb des Finanzministeriums (www.filmnaechte-amelbufer. de).

Oktober

Tage der Zeitgenössischen Musik: Orchester und Solisten aus vielen Ländern musizieren in den besten Spielstätten der Stadt (www.zeitmusik.de).

Nachtleben

Auf der nördlichen Seite der Elbe, in der *Äußeren Neustadt*, zwischen Alaunpark und Albertplatz, befindet sich heute eines der lebendigsten Szeneviertel im Osten Deutschlands.

Bars

Allegro Bar, im Kempinski Hotel Taschenbergpalais Dresden, Am Taschenberg, Tel. 03 51/4 91 27 20. Dem noblen Haus entsprechend: fein und stilvoll.

Franks Bar, Alaunstr. 80, Tel. 03 51/8 02 67 27, www.franksbar.de. Eine schier endlose Karte mit rund 200 Cocktails und Drinks.

Mona Lisa, Louisenstr. 77, Tel. 03 51/8 03 31 51. Treff der Nachtschwärmer in der Neustadt, jeden Abend wechselnde DJs an den Plattentellern.

Diskotheken

Bärenzwinger, Brühlscher Garten, Tel. 03 51/4 95 14 09, www.baerenzwinger.de. Dresdens bekanntester Studentenklub in einem alten Gewölbe. Regelmäßig Disco und Livemusik.

Downtown, Katharinenstr. 11–13, Tel. 03 51/8 10 39 23, www.downtown-dresden.de. Eine der beliebtesten und ältesten Tanztempel Dresdens.

Motown Club, St. Petersburger Str. 9, Tel. 03 51/4 87 41 50, www.motown-club.de. Die Nummer 1 in Dresden in Punkto Hip Hop und Black Music.

m.5 Nightlife, Münzgasse, Tel. 03 51/4 96 54 91, www.muenzkeller.de. Tanzvergnügen mit Niveau. Damen haben freien Eintritt.

Stadtbesichtigung

Das Angebot reicht von Bustouren bis zu thematischen Führungen zu Fuß. Erlebnisreich ist eine Stadtrundfahrt mit der Straßenbahn, aber auch Sightseeing vom Wasser aus wird geboten, schließlich zieht sich die Elbe durch die Stadt. Hier einige Angebote:

Mit dem Auto: Einer der legendären DDR-Kleinwagen Trabant darf nach einer kurzen Einweisung selbst gesteuert werden, an jeder Tour nimmt ein Stadtführer teil. Zur Auswahl stehen verschiedene Routen. Tel. 03 51/8 99 00 66, www.trabi-safari.de

Mit Bus und Schwebebahn: Die Panorama-City-Tour führt durch die Innenstadt, zu ihr gehört die Fahrt mit der Schwebebahn Loschwitz-Oberloschwitz. Die Panorama-Pillnitz-Tour, die nur im Sommerhalbjahr stattfindet, bietet zusätzlich eine 45-minütige Führung durch den Schlosspark von Pillnitz. Abfahrt der Busse vom Postplatz (schräg gegenüber dem Schauspielhaus) und vom Hauptbahnhof (unter den Eisenbahnbrücken). Tel. 03 51/8 57 22 01, www.dvbag.de/stadtrundfahrten.

Mit der Straßenbahn: Die City-Tram-Tour führt durch die Innenstadt, Abfahrt Postplatz (neben dem Schauspielhaus). Tel. 03 51/8 57 22 01.

Mit dem Hummelbus: Rundfahrt durch das Zentrum ab Postplatz/Zwinger. Tel. 03 51/4 94 04 04, www.hummelbahn.de.

Mit dem Schiff: Vom Terrassenufer geht es auf der Elbe bis zur Brücke ›Blaues Wunder‹ und wieder zurück. Tel. 03 51/

Nur Fliegen ist schöner – erlebnisreiche Dresden-Panorama-Tour mit der Schwebebahn

86 60 90, Fax 03 51/8 66 09 88, www.saechsische-dampfschiffahrt.de.

Mit dem Fahrrad: Augustus Tours, Tel. 03 51/563481, www.augustustours.de, bietet Fahrradtouren entlang des Elbradweges. Auch Corso – die Reiseagentur in Meißen, Tel. 0 35 21/710501, www.corso-reisen.de, organisiert Elbradweg-Touren.

Thematische Führungen: Zu Fuß, per Rad und Bahn geht es zu wenig bekannten Orten und Verborgenem. An den ganzjährig stattfindenden Rundgängen können Einzelpersonen und kleine Gruppen ohne Anmeldung teilnehmen. Einige der etwa 60 verschiedenen Touren lauten: Geheimnisse im Großen Garten (1,5 Std.), Jüdisches Leben in Dresden (3 Std.), Jugendstil in Dresden (3 Std.), Stadtteil Weißer Hirsch (2 Std.), Hellerau – die erste deutsche Gartenstadt (2 Std.). Angeboten werden auch Programme für Firmengäste, Vereine, Schulklassen und Jugendgruppen sowie Begleit- und Rahmenprogramme für Kongressteilnehmer. Infos:

igeltour – Die StattReiser in Dresden, Pulsnitzer Straße 10, Tel. 03 51/8 04 45 57, Fax 03 51/8 04 45 48, www.igeltour-dresden.de

Elbschifffahrt

Acht historische Raddampfer (1993/94 stilgetreu restauriert), die beiden modernen Motorschiffe ›August der Starke‹ und ›Gräfin Cosel‹ (1994 gebaut) sowie zwei kleinere Motorschiffe fahren von März bis Nov. im Linienverkehr elbauf- und elbabwärts. Beispiele aus dem vielseitigen Sommer-Fahrtenangebot:

Große Elbtal Linie: 8 Uhr ab Dresden, 11.50 Uhr an Stadt Wehlen, 13.30 Uhr an Königstein (Weiterfahrt nach Bad Schandau möglich), 15.30 Uhr ab Königstein, 16.15 Uhr ab Stadt Wehlen, 19.00 Uhr an Dresden.

Schlösserfahrt: 10 Uhr ab Dresden, 11.30 Uhr an Pillnitz und wieder zurück nach Dresden.

Stadtrundfahrt zu Wasser: Zur 1,5 Std. dauernden Tour startet der über 120-jährige Raddampfer ›Stadt Wehlen‹ viermal pro Tag. Ein Stadtführer erläutert auf der Fahrt vom Terrassenufer nach Loschwitz und zurück die Sehenswürdigkeiten am Elbufer. In der Hauptsaison April–Okt. gibt es die Führungen zweimal pro Tag auch in Englisch. Wer in Richtung Sächsische Schweiz nur eine Strecke mit dem Schiff fahren möchte: Vom Neustädter Bahnhof und vom Hauptbahnhof verkehrt die S-Bahn im 30-Minuten-Takt in die Sächsische Schweiz. Von den Bahnhöfen Pirna, Stadt Wehlen, Kurort Rathen, Königstein und Bad Schandau ist der Weg zur Anlegestelle ausgeschildert.

Sächsische Dampfschiffahrts GmbH & Co, Conti Elbschiffahrts KG, Hertha-Lindner-Str. 10, Tel. 03 51/86 60 90, Fax 0351/8 66 09 88, www.saechsische-dampfschiffahrt.de

Aussichtspunkte

Ernemannturm: Junghansstr. 1–3, Di–Fr 9–17, Sa/So 10–18 Uhr. Blick über Striesen bis zur Johannstadt und nach Blasewitz [Nr. 65].

Hausmannsturm des Residenzschlosses: Eingang Schlossplatz, April–Okt. Di–So 10–18 Uhr. Ein herrlicher Blick auf die Altstadt und über die Elbe zur Neustadt [Nr. 12].

Turm des Neuen Rathauses: Kreuzstr., April–Okt tgl. 10–18 Uhr. Ein Lift bringt die Besucher zur Aussichtsplattform [Nr. 35].

Turm der Kreuzkirche: Kreuzstr. 7/ Altmarkt, Ostern–Okt. Mo–Sa 10–17.30, So 12–17.30 Uhr, Nov.–Ostern Mo–Sa 10–16, So 12–16 Uhr. Der weite Blick entschädigt für den mühevollen Aufstieg [Nr. 34].

Turm der Dreikönigskirche: König-/ Hauptstr., April–Okt. Mo–Sa 10–18, So 11.30–18 Uhr, Nov.–März Mo–Sa 10–16.30, So 11.30–16.30 Uhr. Blick vor allem über die Neustadt [Nr. 43].

Loschwitzhöhe: Sierksstr., Aussichtspunkte beiderseits der Schwebebahn-Bergstation über das Elbtal [Nr. 84].

Statistik

Bedeutung: Dresden ist Landeshauptstadt des Freistaates Sachsen, Sitz des Ministerpräsidenten, der Landesregierung und des Landtages. Die nach Leipzig zweitgrößte Stadt Sachsens ist ein bedeutendes Zentrum der Wissenschaft und Kunst, der Industrie, des Verkehrs und der Touristik.

Lage: 51 Grad 02 Min. 55 Sek. nördlicher Breite und 13 Grad 44 Min. 29 Sek. östlicher Länge.

Einwohnerzahl: Rund 478 000, damit nimmt Dresden den 15. Rang in der Städteskala von Deutschland ein. Durch den hohen Anteil an Grünflächen und Parks hat Dresden nur eine Bevölkerungsdichte von 1434 Einwohnern pro km^2. 1939 zählte die Stadt etwa 630 000 Einwohner, am Ende des Zweiten Weltkrieges waren es nur noch 369 000.

Fläche: 328,31 km^2, davon 69,82 km^2 Wald. Im Flächenvergleich bundesdeutscher Großstädte steht Dresden an 4. Stelle.

Religion: Etwa 18% der Einwohner gehören der evangelisch-lutherischen Kirche an, der römisch-katholischen Kirche rund 5%.

Verkehrsnetz: Der Flughafen Dresden besitzt zwei Passagierterminals und ein Frachtterminal. Mit der Eisenbahn bestehen täglich Verbindungen zu allen größeren deutschen und europäischen Städten. Die Elbe als günstiger Transportweg zwischen Böhmen und der Nordsee durchfließt das Stadtgebiet auf einer Länge von 30 km, die mittlere Breite des Flusses beträgt 113 m, die Fahrrinne weist bei Mittelwasser eine Tiefe von 1,90 m auf. Im innerstädtischen Verkehr bestehen 15 Straßen- und 28 Buslinien, zwei Bergbahnen sowie vier Elbfähren. Die Straßenbahnlinie 4 von Laubegast nach Weinböhla ist mit 28,7 km die längste Strecke, bei den Buslinien ist es die 89 mit 24,6 km, die vom Bahnhof Heidenau nach Löbtau führt.

Wirtschaft: Dresden, nach Leipzig die zweitgrößte Industriestadt Sachsens, entwickelt sich zu einem modernen Hightech- Standort in Europa. Das breite wirtschaftliche Leistungsspektrum wird bestimmt von Mikroelektronik und Informationstechnik, Feinmechanik und Gerätebau, Medizintechnik und Pharmaindustrie. Neben der Technischen Universität, der größten Uni in Sachsen, gibt es noch die Hochschule für Technik und Wirtschaft, die Hochschule für Bildende Künste, die Hochschule für Musik Carl Maria von Weber sowie die Hochschule für Kirchenmusik.

Stadtverwaltung: An der Spitze der Stadtverwaltung steht der jeweils für sieben Jahre gewählte Oberbürgermeister, seinen Sitz hat er im Rathaus. Für Verwaltungszwecke ist Dresden in zehn Ortsämter aufgeteilt (Altstadt, Neustadt, Pieschen, Klotzsche, Loschwitz, Blasewitz, Leuben, Prohlis, Plauen, Cotta).

Stadtwappen: Auf goldenem Grund links ein aufgerichteter schwarzer Löwe mit roter Zunge und Bewehrung, rechts zwei schwarze Pfähle. Es vereint die beiden ältesten Herrschaftswappen des Hauses Wettin, den Meißner Löwen und die Landsberger Pfähle. Das Wappen entstammt dem ältesten Stadtsiegel und ist um 1500 entstanden. Die Farben von Dresden sind Schwarz (oben) und Gold (unten).

Partnerstädte: Zwölf Partnerstädte, darunter seit 1959 Coventry (Großbritannien), seit 1961 St. Petersburg (Russland), seit 1987 Hamburg und seit 1992 Columbus/Ohio (USA).

Unterkunft

Privatquartiere sowie Hotel- und Pensionszimmer für Dresden vermittelt **Dresden-Werbung und Tourismus GmbH**, Tel. 03 51/49 19 22 22.

Wer in der Umgebung übernachten möchte, wende sich an die dortigen Tourist-Informationen.

Luxushotels

(Über 170 € pro Nacht für zwei Personen im Doppelzimmer mit Frühstück)

TOP TIPP **Bülow Residenz Dresden**, Rähnitzgasse 19, Tel. 03 51/ 8 00 30, Fax 03 51/8 00 31 00, www.buelowresidenz.de. Angenehm familiärer Charakter, ruhige Lage, komfortabel eingerichtete Zimmer.

TOP TIPP **Dresden Hilton**, An der Frauenkirche 5, Tel. 03 51/8 64 20, Fax 03 51/ 8 64 27 25, www.dresdenhilton.com. 333 Zi. und Apartments, auch behindertengerechte. Der Name Hilton bürgt für Qualität; zentrale Lage; Schwimmbad, Sauna, Whirlpool, Bowlingbahn.

TOP TIPP **Kempinski Hotel Taschenbergpalais Dresden**, Am Taschenberg 3, Tel. 03 51/4 91 20, Fax 03 51/ 4 91 28 12, www.kempinski-dresden.de. 213 Zimmer und Suiten, auch behindertengerechte. Anfang 1995 im einst für die Gräfin Cosel errichteten, nun wieder aufgebauten Taschenbergpalais eröffnet. Das Hotel liegt gegenüber dem Zwinger. Mit Schwimmbad, Sauna, Dampfbad und Solarium.

Radisson SAS Gewandhaus, Ringstr. 1, Tel. 03 51/4 94 90, Fax 03 51/4 94 94 90, www.radissonsas.com. 100 moderne Zimmer und Suiten im Biedermeierstil mit Marmor-Bädern in zentraler Lage.

Für Liebhaber der Gegenwarts-Kunst ist der Aufenthalt im art'otel Dresden ein Erlebnis

The Westin Bellevue Dresden, Große Meißner Str. 15, Tel. 03 51/80 50, Fax 03 51/ 8 05 16 09, www.westin-bellevue.de. 339 Zimmer und Apartments, Schwimmbad und Sauna. Auf der Neustädter Elbseite. Über die Augustusbrücke sind es keine 10 Min. bis zum Theaterplatz.

Obere Mittelklasse

(110–170 € DM pro Nacht für zwei Personen im Doppelzimmer mit Frühstück)

Am Blauen Wunder, Loschwitzer Str. 48, Tel. 03 51/3 36 60, Fax 03 51/3 36 62 99, www.hotel-am-blauen-wunder.de. 40 Zimmer und Apartments. Familiär geführtes Haus unweit der Elbhänge und dem berühmten ›Blauen Wunder‹.

TOP TIPP **art'otel Dresden**, Ostra-Allee 33, Tel. 03 51/4 92 20, Fax 03 51/4 92 27 77, www.arthotel.de. 174 Zimmer und Suiten, auch behindertengerechte. Kunsthotel mit Innenausstattung des Mailänder Designers Santachiara und mit Kunstwerken von A. R. Penck.

Dorint Novotel Dresden, Grunaer Str. 14, Tel. 03 51/4 91 50, Fax 03 51/4 91 51 00, www.dorint.com/dresden. 244 Zimmer, auch behindertengerechte. Neu erbautes Hotel mit Komfort und Charme. Hallenbad, Sauna, Solarium.

Mercure Hotel Newa Dresden, St. Petersburger Str. 34, Tel. 03 51/4 81 40, Fax 03 51/4 95 51 37, www.mercure.com. 319 Zimmer und Junior Suiten. Elegantes Design-Hotel in bester City-Lage. Die Zimmer verfügen über originelle Panoramafenster und gläserne Komfortduschen mitten im Raum.

NH-Hoteles Dresden, Hansastr. 43, Tel. 03 51/8 42 40, Fax 03 51/8 42 42 00, www.nh-hotels.com. 269 Zimmer, auch behindertengerechte. Neubau in der Neustadt. Freizeitbereich mit Sauna, Dampfbad, Solarium, Sporträumen.

Pattis, Merbitzer Str. 53, Tel. 03 51/4 25 50, Fax 03 51/4 25 52 55, www.pattis.net. 43 Zimmer und Suiten. Eine ehemalige Mühle bekam einen Anbau und wurde zu einem romantischen, ruhig gelegenen Hotel.

Ramada Treff Resident Hotel, Brünner Str. 11, Tel. 03 51/2 56 20, Fax 03 51/ 2 56 28 00, www.ramada-treff.de. 121 Zimmer und Apartments. In einer von Villen geprägten Wohngegend im Stadtteil Laubegast, etwa 6 km vom Zentrum entfernt. Freizeitcenter mit Sauna, Dampfbad, Solarium.

TOP TIPP **Schlosshotel Eckberg**, Bautzner Str. 134, Tel. 03 51/8 09 90, Fax 03 51/8 09 91 99, www.hotelschloss-eckberg.de. 83 Zimmer und Suiten. Landschaftlich schön auf dem nördlichen Hang der Elbe.

Untere Mittelklasse

(75–110 € pro Nacht für zwei Personen im Doppelzimmer mit Frühstück)

Am Terrassenufer, Terrassenufer 12, Tel. 03 51/4 40 95 00, Fax 03 51/4 40 96 00, www.hotel-terassenufer.de. 196 Zimmer. An der Elbe bei der Brühlschen Terrasse.

TOP TIPP **Ambiente**, Meusegaster Str. 23, Tel. 03 51/20 78 80, Fax 03 51/ 2 07 88 36, www.hotel-ambiente.de. Kleines privat geführtes Hotel in ruhiger Lage.

Elbflorenz, im World Trade Center, Rosenstr. 36, Tel. 03 51/8 64 00, Fax 03 51/ 8 64 01 00, www.hotel-elbflorenz.de. Zentral gelegenes Haus mit 235 Zimmer in mediterranem Ambiente.

Lindenhof, Podemusstr. 9, Tel. 03 51/45 44 90, Fax 03 51/4 54 49 30, www.lindenhofdresden.de. Gepflegtes Haus mit Komfort in ruhiger Lage.

Novalis, Bärnsdorfer Str. 185, Tel. 03 51/8 21 30, Fax 03 51/8 21 31 80, www.novalishotel.de. 83 Zimmer bietet das Hotel garni im Stadtteil Nord, ca. 5 km vom Zentrum entfernt.

Prinz Eugen, Gustav-Hartmann--Str. 4, Tel. 03 51/25 59 00, Fax 03 51/25 15 90, www.hotelprinzeugen.de. 47 Zimmer. Stilvolles Haus in ruhiger Lage im

Stadtteil Laubegast. Besonders angenehm sind die großen Zimmer.

Ringhotel Residenz Alt Dresden, Mobschatzer Str. 29, Tel. 03 51/4 28 10, Fax 03 51/4 28 19 88, www.residenz-altdresden.de. 215 Zimmer und Apartments, auch behindertengerechte. Wenige Minuten von der Autobahnanschlussstelle Dresden-Altstadt entfernt, behaglich eingerichtet. Fitnessbereich mit Sauna, Dampfbad, Solarium. 4 km bis zum Zentrum.

Preiswerte Hotels und Pensionen

(Bis 75 € pro Nacht für zwei Personen im Doppelzimmer mit Frühstück)

Louise 20 Hostel, Hechtstr. 10, Tel. 03 51/8 89 48 94, Fax 03 51/8 89 48 93, www.louise20.de. Zwei- bis Sechsbettzimmer für alle, die preiswert wohnen möchten und dafür auf Komfort verzichten. Dusche/WC auf dem Flur.

Hostel Mondpalast, Katharinenstr. 11–13, Tel. 03 51/5 63 40 50, Fax 03 51/5 63 40 55. 40 Betten in originell ausgestatteten Zimmern in einem früheren Fabrikgebäude. Dusche/WC auf der Etage.

Omsewitz, Gompitzer Str. 24, Tel. 03 51/4 21 03 49, Fax 03 51/4 21 03 65. 17 Zimmer. Preiswert und sehr gefragt.

Wenotel, Messering 24, Tel. 03 51/4 97 60, Fax 03 51/4 97 61 00, www.wenotel.de.

82 Zimmer. Modernes Haus mit funktional eingerichteten Zimmern im Messegelände 2 km vom Zentrum. Aufgrund der niedrigen Preise oft ausgebucht. Reservierung empfehlenswert.

Camping

Caravan Camping Dresden Nord, Elsterweg 13, Tel. 03 51/8 80 97 92, Fax 03 51/ 8 80 97 90, geöffnet April–Dez. Ebene Wiese mit Bäumen, von Gärten umgeben. Günstige Lage zum Stadtzentrum.

Mockritz, Boderitzer Str. 30, Tel. 03 51/ 4 71 52 50, Fax 03 51/4 79 92 27, ganzjährig geöffnet. Im Süden der Stadt, 5 km vom Zentrum entfernt gelegener Platz.

Wostra, Trieskestr. 100, Tel. 03 51/2 01 32 54, Fax 03 51/2 02 54 48, geöffnet April–Okt. 10 km vom Zentrum entfernt.

Jugendherbergen

Jugendgästehaus, Maternistr. 22, Tel. 03 51/49 26 20, Fax 03 51/4 92 62 99, www.djhsachsen.de. 484 Betten in Ein- und Vierbettzimmern mit Waschgelegenheit, 250 Betten in Zimmern mit Dusche/WC.

Rudi Arndt, Hübnerstr. 11, Tel. 03 51/ 4 71 06 67, Fax 03 51/4 72 89 59, www.djhsachsen.de. 75 Betten. In der Südstadt, 10 Min. zu Fuß südlich des Hauptbahnhofs.

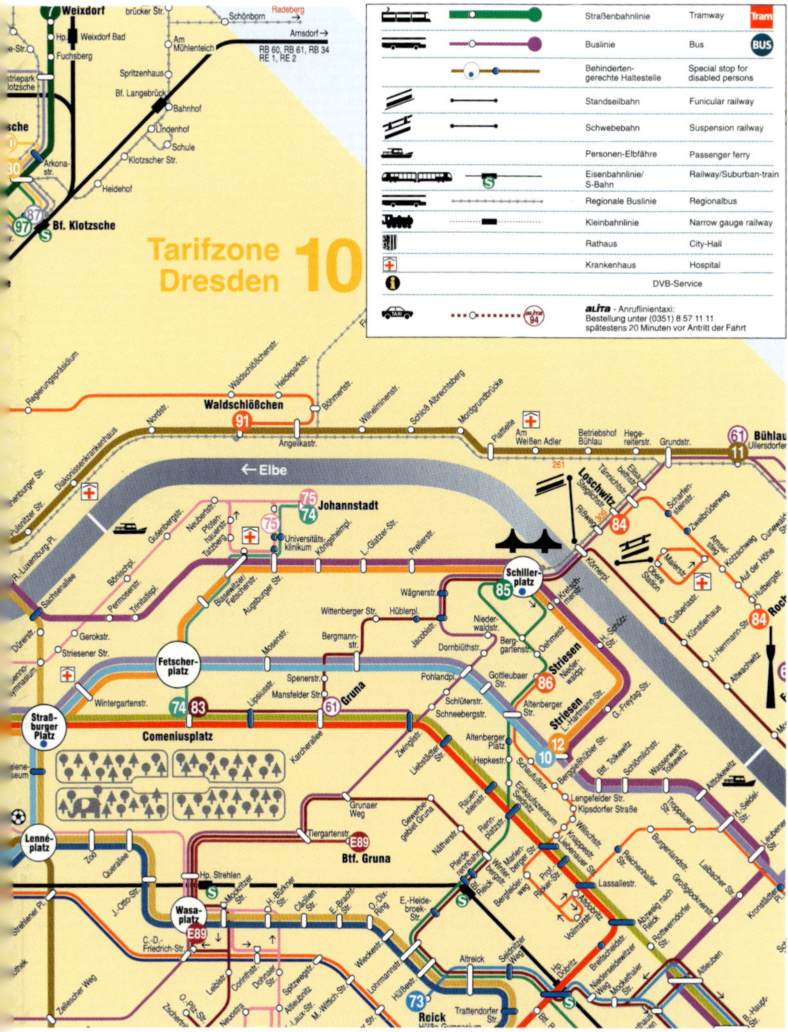

Oberloschwitz, Sierksstr. 33, Tel./Fax 03 51/2 68 36 72. 51 Betten. Im Ortsteil Oberloschwitz am Elbhang, 8 km vom Stadtzentrum entfernt.

Verkehrsmittel

Das Straßenbahn-, Bus- und S-Bahnnetz ist gut ausgebaut, auch Ziele in der Umgebung sind gut erreichbar. Die Angaben bei den Sehenswürdigkeiten im Haupttext werden durch den aktuellen *Verkehrslinienplan* [s. S. 136/137] ergänzt, der auch etwaige kurzfristige Umbenennungen von Verkehslinien beücksichtigt, die unmittelbar vor Drucklegung dieser Ausgabe erfolgten.

Öffentliche Verkehrsmittel

Der Verkehrsverbund Oberelbe hat einen einheitlichen *Tarif* geschaffen, mit einem Fahrschein sind etwa 3800 Straßenbahn- und Bus-, Fähr- und Bergbahnhaltestellen sowie Bahnhöfe zu erreichen, es muss nur auf die entsprechende Tarifzone geachtet werden. Für Touristen besonders interessant ist die **Familientageskarte**, die für 2 Erwachsene und 4 Kinder und für 24 Std. gilt. Die Fahrkarten sind an Kiosken, in Geschäften und Gaststätten zu kaufen und vor Fahrtantritt an den dafür vorgesehenen Automaten zu entwerten. Außerdem wird die **Dresden-City-Card** [s. S. 123] empfohlen, mit der 48 Std. alle Straßenbahn- und Buslinien sowie die Elbfähren im Stadtbereich benutzt werden können. Die **Dresden-Regio-Card** [s. S. 123] gilt für 72 Stunden, sie bietet zusätzlich freie Fahrt mit der S-Bahn und den Nahverkehrszügen der Deutschen Bahn im gesamten Verkehrsverbund Oberelbe. Zwischen 20 und 4 Uhr besteht *Taxi-Ruf-Service* beim Fahrpersonal von Straßenbahn und Bus. In der Zeit von 22 bis 4 Uhr darf aus den Bussen auch außerhalb der Haltestellen ausgestiegen werden, der Wunsch ist dem Fahrer bereits beim Zusteigen mitzuteilen. Zwischen zwei Haltestellen wird allerdings nur einmal zusätzlich gehalten. Infos:

Dresdener Verkehrsbetriebe (DVB), Tel. 03 51/8 57 10 11, www.dvbag.de

Verkehrsverbund Oberelbe (VVO), Tel. 01 80/22 66 22 66, www.vvo-online.de

Bergbahn

Vom Körnerplatz verkehrt Mo–Fr 6.30–21 Uhr, Sa/So 9–23 Uhr die Standseilbahn zum Weißen Hirsch und von der Pillnitzer Landstraße Mo–Fr 6.30–19 Uhr, Sa/So bis 21 Uhr die Schwebebahn nach Oberloschwitz [Nr. 80, 84].

Elbschifffahrt

Vom Terrassenufer in Dresden starten die historischen Raddampfer sowie Salonschiffe der Sächsischen Dampfschiffahrtsgesellschaft elbaufwärts in die Sächsische und in die Böhmische Schweiz sowie elbabwärts entlang der Sächsischen Weinstraße bis Seußlitz bei Meißen. Info:

Sächsische Dampfschiffahrts GmbH & Co, Conti Elbschiffahrts KG, Hertha-Lindner-Str. 10, Tel. 03 51/86 60 90, Fax 03 51/8 66 09 88, www.saechsische-dampfschiffahrt.de.

Elbfähren

Im Dresdner Stadtgebiet verkehren folgende Personenfähren:

Johannstadt–Neustadt: April–Okt. Mo–Fr 6–20 Uhr, Sa/So ab 9 Uhr

Alttolkwitz–Niederpoyritz: Mo–Fr 5.30–22 Uhr, Sa/So 9–22 Uhr

Autos und Personen befördert die Fähre Kleinzschachwitz–Pillnitz, Mo–Fr 5.30–22 Uhr, Sa 7.30–22 Uhr, So/Fei 9–22 Uhr

Mietwagen

AVIS, Flughafen Dreden Klotzsche, Tel. 03 51/8 81 46 00, Fax 03 51/8 81 46 03

Europcar, Flughafen, Tel. 03 51/88 47 70, Fax 03 51/8 81 45 92

Hertz, Flughafen, Tel. 03 51/8 81 45 80, Fax 03 51/8 81 45 82

Sixt, im Dresden Hilton, An der Frauenkirche 5, Tel. 03 51/4 90 57 81, Fax 03 51/4 95 40 74

Für Mitglieder bietet die **ADAC-Autovermietung GmbH** günstige Bedingungen. Buchungen über Tel. 0 18 05/31 81 81 (0,12 €/Anruf) oder die ADAC-Geschäftsstellen.

Taxi

Funktaxi, Tel. 03 51/21 12 11

Zeitungen

Als tägliche Informationsquellen mit Hinweisen zu kulturellen Veranstaltungen, Konzerten etc. bieten sich an: ›Sächsische Zeitung‹, ›Dresdner Neueste Nachrichten‹ und ›Dresdner Morgenpost‹.

Register

Bildnachweis

Umschlag-Vorderseite: Die Kuppeln der Frauenkirche (rechts) und der Hochschule für Bildende Künste Dresden (links). *Foto: laif, Köln (Kirchner)*
Titelseite
Oben: Mozartbrunnen auf der Bürgerwiese. *Foto: laif, Köln (Kirchner)*
Mitte: Dresden-Panorama (von S. 6/7)
Unten: Porzellansammlung (von S. 31)

art'otel Dresden: 135, Umschlag-Rückseite Hotels – *Bildagentur Huber, Garmisch-Partenkirchen:* 6/7 (Lawrence), 17 unten, 45 (W. Krammich), 49 (Lawrence) – *Botanischer Garten, Dresden:* 88 (R. Schröder) – *Fridmar Damm, Köln:* 9 (2), 10 unten rechts, 113 oben, 117 oben, 121 – *Sylvio Dittrich, Dresden:* 35, Umschlag-Rückseite Feste – *Ralf U. Heinrich, Berlin:* Umschlag-Rückseite Restaurants – *Kempinski Hotel Dresden:* 34 – *laif, Köln:* 10 unten links, 11 (2), 17 oben, 23, 38, 47, 98, 106, 107 (2), 110 (2), 111, 117 unten, 122 Mitte (Gernot Huber), 2, 10 oben, 17 unten, 20, 21, 26, 27, 29, 30, 31, 37, 39(2), 40/41, 43, 53, 55, 64, 72, 77, 79, 80, 81, 84, 86 (2), 87, 97, 99 oben, 100/101, 109 unten, 122 oben rechts, 125 (2), 126, 127, 128, 129, 130, 131, 132 (Martin Kirchner) – *LOOK, München:* Umschlag-Rückseite Theater (Jürgen Richter) – *Peter H. Neumann, Dresden/München:* 122 oben links, 122 unten (2), 144 links – *Neumeister Photographie, München:* 5 links, 13 (2), 18/19, 25, 32 unten, 48, 51, 59, 65, 67, 71, 73 oben, 78, 99 unten, 102, 103, 105, 115 oben, 116, 122 oben, Umschlag-Rückseite Kunstwerke – *Udo Pellmann, Dresden:* 8 unten, 68, 86 unten, 89 unten – *Ingrid Rulff, Dresden:* 24, 70 unten, 82, 85, 91, 92, 93, 113 unten, 115 unten – *Sächsische Landesbibliothek Abt. Deutsche Fotothek:* 95 – *Gregor M. Schmid, Gilching:* 58, 70 oben, 75 – *Carolin Schmitt/edition VASCO, Fürstenfeldbruck:* 144 rechts, Umschlag-Rückseite Plätze/Bauwerke – *SILVESTRIS, Kastl:* 120 – *Staatl. Kunstsammlungen Dresden/Gemäldegalerie Alte Meister:* 7 oben (Jürgen Karpinski – *Staatl. Kunstsammlungen Dresden/ Museum f. Sächsische Volkskunst:* 74 – *Stadtmuseum Dresden/Franz Zadnicek:* 60 (2) – *Technische Sammlungen der Stadt Dresden:* 90 – *Martin Thomas, Aachen:* 118 – *Ullstein, Berlin:* 62 (Frank Ihlow) – *Hermann Josef Wöstmann, Kerpen-Buir:* 8 oben, 14 unten, 16, 21, 22,

In der ADAC-Reiseführer-Reihe sind erschienen:

Ägypten
Algarve
Amsterdam
Andalusien
Australien
Bali und Lombok
Barcelona
Berlin
Bodensee
Brandenburg
Brasilien
Bretagne
Budapest
Bulgarische Schwarzmeerküste
Burgund
Costa Brava und Costa Daurada
Côte d'Azur
Dalmatien
Dänemark
Deutschland, City Guide
Dominikanische Republik
Dresden
Elsass
Emilia Romagna
Florenz
Florida
Französische Atlantikküste
Fuerteventura
Gardasee
Golf von Neapel
Gran Canaria
Hamburg
Hongkong und Macau
Ibiza und Formentera
Irland
Israel
Istrien und Kvarner Golf
Italienische Adria
Italienische Riviera
Jamaika
Kalifornien
Kanada – Der Osten
Kanada – Der Westen
Karibik
Kenia
Kreta
Kuba
Kykladen
Lanzarote
London
Madeira
Mallorca
Malta
Marokko
Mauritius und Rodrigues
Mecklenburg-Vorpommern
Mexiko
München
Neuengland
Neuseeland
New York
Niederlande
Norwegen
Oberbayern
Österreich
Paris
Peloponnes
Piemont, Lombardei, Valle d'Aosta
Polen
Portugal
Prag
Provence
Rhodos
Rom
Rügen, Hiddensee, Stralsund
Salzburg
Sardinien
Schleswig-Holstein
Schottland
Schwarzwald
Schweden
Schweiz
Sizilien
Spanien
St. Petersburg
Südafrika
Südengland
Südtirol
Sylt
Teneriffa
Tessin
Thailand
Toskana
Tunesien
Türkei-Südküste
Türkei-Westküste
Umbrien
Ungarn
USA-Südstaaten
USA-Südwest
Usedom
Venedig
Venetien und Friaul
Wien
Zypern

Weitere Titel in Vorbereitung

Leserforum

Die Meinung unserer Leserinnen und Leser ist wichtig, daher freuen wir uns von Ihnen zu hören. Wenn Ihnen dieser Reiseführer gefallen hat, wenn Sie wichtige Hinweise zu den Inhalten haben – Ergänzungs- und Verbesserungsvorschläge, Tipps und Korrekturen – dann schreiben Sie uns:

Redaktion ADAC Reiseführer
ADAC Verlag GmbH
81365 München
verlag@adac.de

Impressum

Lektorat: Carin Pawlak, Dagmar Walden
Bildredaktion: Johannes Graf v. Preysing
Aktualisierung: Dagmar Walden
Gestaltung, Layout: Norbert Dinkel, München
Karten: Mohrbach Kreative Kartographie, München
Reproduktion: G. P. S., München
Satz: Filmsatz Schröter GmbH, München
Druck, Bindung: Druckerei Uhl, Radolfzell
Printed in Germany

ISBN 3-89905-243-9

Gedruckt auf chlorfrei gebleichtem Papier

7., neu bearbeitete Auflage 2005
© ADAC Verlag GmbH, München

Das Werk einschließlich aller seiner Teile ist urheberrechtlich geschützt. Jede Verwendung ohne Zustimmung des Verlags ist unzulässig und strafbar. Das gilt insbesondere für Vervielfältigungen, Übersetzungen, Mikroverfilmungen und die Verarbeitung in elektronischen Systemen. Die Daten und Fakten für dieses Werk wurden mit äußerster Sorgfalt recherchiert und geprüft. Wir weisen jedoch darauf hin, dass diese Angaben häufig Veränderungen unterworfen sind und inhaltliche Fehler oder Auslassungen nicht völlig auszuschließen sind. Für eventuelle Fehler können die Autoren, der Verlag und seine Mitarbeiter keinerlei Verpflichtung und Haftung übernehmen.

Ihre schönsten Digital-Fotos im professionellen Bildband

ADAC BestMoments Fotobuch

Gestalten Sie am Computer (online oder offline) Ihr persönliches, exklusives Album mit bis zu 180 Bildern und den dazugehörigen Texten. Anschließend können Sie sich den Band von uns einzeln oder in gewünschter Anzahl als hochwertiges Buch drucken und binden lassen.

Mehr Infos im Internet:
www.adac.de/bestmoments

ADAC reisemagazin
Reisen mit Lust und Laune.
Die Reisemagazine vom ADAC gibt es für Städte, Länder und Regionen.
Alle zwei Monate neu.
GARDASEE SPECIAL
Dolomiten Trentino Gardasee
VERONA, VINO UND VERDI
ITALIEN DIE RIVIERA
RIVIERA, LIGURIEN, PIEMONT
Italiens schönste Winkel
NATURPARKS: DIE RÜCKKEHR DER WÖLFE
KUBA
Im Rhythmus der Karibik
MALLORCA
Mallorca zum Träumen
PROMIS ÜBER IHRE INSEL: PETER USTINOV CHRISTINE KAUFMANN
MEXIKO
Machos, Mythen und Magie
SCHAMANEN-KULT: DIE WUNDERHEILER VON CATEMACO-SEE
SCHWEIZ
Gipfel-Treffen für Genießer
SPANIENS SÜDEN UND MADRID
SPANIENS SÜDEN & MADRID
Flamenco und die Seele des Südens
TOSKANA
Bezaubernde Toskana
Grüne Hügel, weiße Villen, roter Wein
TREND-TIPS: HOBBY-FERIEN, URLAUB AUF DEM BAUERNHOF

1 Tag in Dresden

Das Wichtigste liegt dicht beieinander, ist bequem zu Fuß erreichbar: zunächst die Festarchitektur des **Zwingers** [Nr. 4] mit Schätzen der **Gemäldegalerie Alte Meister** [Nr. 5], danach ein kurzer Spaziergang auf der Balus-

trade mit Blick zum Nymphenbad. Über den weltberühmten **Theaterplatz** [Nr. 1] geht es zur **Kathedrale** [Nr. 14], nach einem kurzen Besuch von Sachsens größter Kirche weiter zum **Residenzschloss** [Nr. 12] und entlang dem **Fürstenzug** [Nr. 30], dem größten Porzellanbild der Welt.

Am späten Mittag ist Sightseeing vom Wasser aus angesagt. Mit der nostalgischen ›Stadt Wehlen‹ wird zur 90-Min.-**Raddampferrundfahrt** [Nr. 16] auf der Elbe gestartet. Danach promenieren Sie auf der **Brühlschen Terrasse** [Nr. 17] und besichtigen das **Grüne Gewölbe** [Nr. 13] im Residenzschloss. Abends stehen die **Semperoper** [Nr. 2] oder das **Schauspielhaus** [Nr. 10] auf dem Programm. Der Tag klingt gemütlich im Restaurant **Italienisches Dörfchen** [Nr. 3] aus.

1 Wochenende in Dresden

Freitag Als erste Annäherung bietet sich eine **Stadtrundfahrt** [s. S. 132] an. Mit Bus und Schwebebahn geht es bis zum **Schloss Pillnitz** [Nr. 90], wo durch den Park geführt wird. Zurück in der City, wird das erste ›Muss‹ absolviert: die **Gemäldegalerie Alte Meister** [Nr. 5]. Wer möchte zu Hause erzählen, er war in Dresden, habe aber die ›Sixtinische Madonna‹ nicht gesehen! Dresden ist Museumsstadt, ein zweites Museum sollte es deshalb an diesem Tag noch sein. Entweder die **Rüstkammer** [Nr. 6] mit ihren Prunkwaffen oder die großartige **Porzellansammlung** [Nr. 7]. Beide haben im

Zwinger ihr Domizil. Der Abend ist für ein **Theater** reserviert, je nach Neigung: Oper, Operette oder Schauspiel. Wurden Karten nicht von zu Hause aus reserviert, ist vielleicht die Hotelrezeption behilflich.

Samstag Der Vormittag gehört der **Brühlschen Terrasse** [Nr. 17], dem ›Balkon Europas‹. Flanieren Sie von der Freitreppe bis ans Ende zum Brühlschen Garten. Danach geht es ins Residenzschloss ins **Grüne Gewölbe** [Nr. 13], Europas größte Schatzkammer. Nach einem Blick in den **Stallhof** [Nr. 29] schlendern Sie am **Fürstenzug** [Nr. 30] vorbei zum **Theaterplatz** [Nr. 1] und von dort über die **Augustusbrücke** [Nr. 15] in die Neustadt. Vom **Goldenen Reiter** [Nr. 38] führt der Weg über **Hauptstraße** [Nr. 42], **Albert-**

platz [Nr. 44], Bautzner Straße zum Käseladen in **Pfunds Molkerei** [S. 97], einem wieder erstandenen Kleinod in der Neustadt. Weitere sind anschließend in der Rähnitzgasse und der **Königstraße** [Nr. 41] zu entdecken. In dieser Gegend hat sich eine interessante **Kneipenszene** herausgebildet. Besucher aller Couleur zieht es hierher, um oft bis in die Morgenstunden mit Einheimischen und Studenten zusammenzusitzen.

Sonntag Zu einem Dresden-Besuch gehört auch ein Schiffsausflug ins **Elbsandsteingebirge** [Nr. 100] mit grandiosen Naturerlebnissen. Hunger und Durst stillt

die Gastronomie auf dem Schiff. Kurort Rathen ist in 4,5 Std. erreicht, von dort wird zum berühmten **Basteifelsen** aufgestiegen, der einen grandiosen Rundblick bietet. Wer nicht erst abends in Dresden zurück sein möchte, wählt von Kurort Rathen die S-Bahn.